DIANC I RYDDID:

RHYFEL D. T. DAVIES

DIANC I RYDDID
RHYFEL D. T. DAVIES

D. T. DAVIES

gyda

Ioan Wyn Evans

Gomer

Cyhoeddwyd yn 2015 gan
Wasg Gomer, Llandysul, Ceredigion SA44 4JL
www.gomer.co.uk

ISBN 978-1-78562-065-2

Cyhoeddir gyda chymorth ariannol
Cyngor Llyfrau Cymru.

Argraffwyd a rhwymwyd yng Nghymru gan
Wasg Gomer, Llandysul, Ceredigion.

I'm gwraig Beti,
craig yr oesoedd

Diolchiadau

Pan ddychwelais adre yn 1944 fe gwrddais â hen filwr oedd wedi bod yn yr Army of Occupation ar ôl y Rhyfel Byd Cyntaf. Dechreuodd fy holi am fy amser yn y fyddin. Ar ôl adrodd peth o'r stori wrtho fe am fy nghyfnod i fel carcharor rhyfel dan ddwrn y Nazïaid, dywedodd wrtha i'n bendant, 'Chreda i ddim gair, oherwydd 'mod i wedi gweld yr Almaenwyr yn bobol garedig a chyfeillgar bob tro. Bu bron i mi briodi merch o'r Almaen.' Ar ôl hynny, ni soniais air am fy mhrofiadau am flynyddoedd maith, ddim hyd yn oed wrth fy nheulu.

Pan gyrhaeddais fy nawdegau, mynnodd fy meibion 'mod i'n rhoi rhywbeth ar bapur er mwyn fy nau ŵyr a 'mhump wyres.

Sut oedd dechrau? Penderfynodd Michael, Graham ac Andrew fynd â fi ar daith 'nôl i Awstria ac i rai o'r mannau lle bûm yn garcharor rhyfel. Canlyniad y daith hon oedd rhaglen deledu o'r enw 'Heb Ryddid, Heb Ddim' a gynhyrchwyd gan Ioan Wyn Evans. Wedi hynny, nid oedd diwedd ar y cymell a'r annog i gael y stori'n llawn. A dyma hi felly.

Nid oedd yn hawdd cofio popeth, yn enwedig yr adegau trist a theimladwy. Ond daeth y gyfrol i ben drwy ddyfalbarhad ac amynedd anhygoel Ioan; ac iddo fe mae'n ddiolch diffuant a'n gwerthfawrogiad ni fel teulu.

Diolch hefyd i Beti ac i'r teulu am eu cefnogaeth a'u cynhaliaeth bob amser. Diolch i Paul London o Seland Newydd am ei help a'i ymchwil ar deulu Roy Natusch, ac am ddanfon lluniau Roy a Sammy Hoare ata i. Diolch iddo hefyd am gysylltu â theulu Norman McLean er mwyn cael ei lun. Trwy Paul hefyd y cefais gyswllt â Tyler Bridges, mab Dick Bridges er mwyn cael lluniau o Dick a Glenn Loveland. Mae Tyler yn ysgrifennu llyfr am ei ddiweddar dad, ac wedi teithio i Hwngari a Serbia er mwyn gwirio ffeithiau. Diolch i'r holl deuluoedd am eu cydweithrediad parod a charedig.

Mae Graham, fy mab, wedi bod yn Belgrad hefyd yn olrhain hanes Otto o'r Brifysgol, ac wedi cael croeso arbennig iawn yno. Fe gafodd ei dywys i rai o'r mannau sy'n cael eu henwi yn yr hanes hwn, yn eu plith y gofgolofn i'r Partisaniaid yn Fruška Gora.

Ac i gloi, diolch i Elinor Wyn Reynolds, a chriw Gwasg Gomer, am eu holl waith trefnus gyda'r gyfrol hon.

'Rhyddid yw sail heddwch.'

D. T. Davies
Dryslwyn,
Sir Gaerfyrddin

Cynnwys

Rhagair

Wn i ddim beth yw'ch barn chi, ond weithiau rwy'n teimlo bod rhai geiriau yn cael eu gorddefnyddio, neu'n cael eu defnyddio yn llawer rhy rwydd. Un gair sy'n cael ei glywed yn gyson yw 'arwr'. Er enghraifft, 'arwr pêl-droed', 'arwr pop', 'arwr y sgrin fach neu fawr' – mae e'n air sy'n cael ei ddefnyddio wrth gyfeirio at wahanol bobol mewn amrywiol feysydd bob dydd. Ond beth sy'n gwneud arwr mewn gwirionedd?

Ychydig flynyddoedd yn ôl fe glywes i am hanes dyn o'r enw David Tom Davies, neu D. T. Davies, enw adnabyddus i nifer yng ngorllewin Cymru a thu hwnt. Am ddegawdau, fe fu'r gŵr o Ddryslwyn, Sir Gaerfyrddin, ar flaen y gad mewn gwleidyddiaeth leol. Yn ddemocrat i'r carn, bu'n gadeirydd ar Gynghorau Sir Caerfyrddin a'r hen Ddyfed. Brwydrodd dros fuddiannau etholwyr ei ardal mewn modd diymhongar a gostyngedig, a gyda balchder a brwdfrydedd hefyd.

Ond dros saith deg mlynedd yn ôl roedd D. T. Davies yn rhan o frwydr wahanol iawn. Yn 1941, tra oedd yn gwasanaethu gyda'r Royal Artillery yn yr Ail Ryfel Byd, cafodd ei gipio gan yr Almaenwyr. Yn dilyn hynny, bu'n gaeth mewn nifer o garchardai a gwersylloedd ar draws canolbarth a dwyrain Ewrop. Ond ar hyd yr amser, roedd un peth yn ei gynnal – yr ysfa i ddianc.

Mae ei stori'n un anhygoel: hanes brwydr un dyn i sicrhau un hawl sylfaenol – sef rhyddid, a hynny yn wyneb creulondeb a dioddefaint na ellid ei ddychmygu. Cafodd ei anrhydeddu â'r Fedal Filwrol am ei ddewrder.

Erbyn hyn mae D. T. Davies yn ei nawdegau hwyr. Saith deg mlynedd wedi diwedd yr Ail Ryfel Byd mae'r cyn-filwr yn cofnodi ei stori anhygoel yn y gyfrol hon. Roedd hi'n fraint cael mynd gydag e ar daith i olrhain ei brofiadau a'i gampau hynod yn ystod y rhyfel, drwy gydweithio gydag e ar yr hunangofiant hwn.

Beth bynnag yw barn rhywun am ryfel, mae gwroldeb a phenderfyniad D. T. Davies yn haeddu sylw a pharch. Dyma 'arwr' yng ngwir ystyr y gair.

Ioan Wyn Evans
Caerfyrddin

Yr Alwad

Hen gyfnod anodd oedd yr 1930au. Roedd yn ddegawd o ddirwasgiad ac roedd hi'n galed ar y rhan fwya o deuluoedd. Ond erbyn 1939 roedd hi'n edrych fel tase pethau'n dechrau gwella. O'n i'n dod lan at yr un ar hugain oed ar y pryd, ac o'n i'n gwbod y byddai'r llythyr yn dod. Er nad oedd e'n gyfnod o ryfel, roedd y llywodraeth wedi pasio deddf oedd yn golygu bod dynion ugain ac un ar hugain oed i fod i ymuno â'r lluoedd arfog er mwyn cael chwe mis o hyfforddiant. O'n i'n gweithio mewn swyddfa yn Llandeilo ar y pryd, a do'n i ddim yn mwynhau'r jobyn a dweud y gwir. Felly pan gyrhaeddodd y llythyr yn fy ngalw i am *medical*, cyn ymuno â'r fyddin, o'n i'n edrych ymlaen at gael rhywfaint o antur yn 'y mywyd.

Ryw fis wedi'r archwiliad meddygol, ro'n i ar y ffordd i Kinmel Park, neu Barc Cinmel, yn ymyl y Rhyl. Aeth pump ohonon ni lan o'n hardal ni, un bachan arall o Ddryslwyn, sef yr un pentre â fi, Reg Thomas oedd hwnnw. Roedd Llew Jones, saer o Ben-y-banc, gyda ni hefyd a dau o dre Llandeilo – Doug James o Hewl Newydd a Richard Williams, mab Hugh Williams, oedd yn gyfreithwr yn y dre. Ac roedd y trên yn llawn o fois o lefydd fel Llanelli, Rhydaman a Llandybïe, felly roedd digon o gwmni gyda ni. Yn eu plith roedd Jack Davies o Frynaman, ddaeth yn gyfaill mawr i fi. Wedi'r rhyfel aeth e 'mlaen i fod yn asiant i'r gwleidydd Llafur James 'Jim' Griffiths, Ysgrifennydd Gwladol cyntaf Cymru. Yn ddiweddarach, daeth Jack a fi'n gyd-gynghorwyr ar Gyngor Sir Dyfed.

Cyrraedd Parc Cinmel wedyn, a chael ein tywys mewn i babell fawr wrth y fynedfa. Fan 'na o'n nhw'n cymryd enwau pawb, ac roedd pob un yn cael ei rif personol. O'n nhw'n pwysleisio pa mor bwysig oedd hi i gofio'r rhif – ac mae e gyda fi fyth – **1492720**, er mai'ch cyfenw chi a'r tri rhif diwetha fyddai'r swyddogion fel arfer yn ei ddefnyddio – a **DAVIES 720** o'n i.

Ac i'r rheiny ohonon ni oedd yn meddwl y bydden ni'n cael ein rhoi mewn stafelloedd a gwelyau ynddyn nhw, roedd sioc yn ein disgwyl ni. Ar ôl ein rhannu ni'n grwpiau o wyth, y dasg nesa oedd gyda ni oedd codi pabell – ein cartre ni am y chwe mis nesa. Cysgu ar y llawr wedyn a chael rhyw fath o gwdyn mawr a gwellt i wthio mewn i hwnnw er mwyn gwneud gwely i ni'n hunain. Sôn am newid byd.

Ymhen rhai dyddiau, daeth hi'n bryd cael yr iwnifform. Ciw hir o bobol yn aros i gael *breeches* a ddefnyddiwyd adeg y Rhyfel Byd Cynta a chotiau hir. O'n nhw'n gofyn am ein mesuriadau ni ac yna'n towlu dillad aton ni. Ac os oedd y dillad oedd gyda ni yn rhy fach neu'n rhy fawr – fel o'n nhw i'r rhan fwya ohonon ni – wel, roedd rhaid trio ffindo rhywun wedyn oedd yn gallu cyfnewid â chi. Cael sgidie wedyn, a'r rheiny 'to, yn aml iawn, yn rhy fach neu'n rhy fawr. Ac roedd cael y *breeches* i ffito'n deidi yn berfformans. Os o'ch chi'n eu rhoi nhw arno'n rhy dynn o'ch chi'n ffaelu cerdded; tasech chi'n eu cadw'n rhy slac, o'n nhw'n cwympo lawr. Roedd hi'n *shambles* yno – pandemoniwm llwyr! Ond gethon ni lot o sbort yn chwerthin ar ben ein gilydd achos bod shwt olwg arnon ni.

Wedyn, roedd rhaid mynd i gael *injections*. Wy'n credu gafon ni dri ohonyn nhw i gyd. A 'na lle roedd y doctoriaid a'r nodwyddau mawr 'ma'n disgwyl amdanoch chi. Tasech chi'n gweld maint y nodwydd – wel, roedd hi'n ddigon i godi ofn ar geffyl. Drwy drugaredd, es i drwy'r tri'n weddol ddianaf. Ond roedd rhai bechgyn – unwaith welon nhw'r nodwydd – yn cwympo'n fflat yn y fan a'r lle. Ar ôl cael yr *injection* o'n i i fod i fynd i redeg rownd y clos tu fas, a phwmpo'r breichiau, er mwyn i'r stwff oedd yn yr *injection* fynd drwy'r corff cyfan. Y bore wedyn, ew, o'n i'n dost; roedd 'y mraich i'n drwm i gyd ac o'n i'n boenus o un pen o 'nghorff i'r llall.

Am sbel fawr, doedd dim sôn am arfau. Dim sôn o gwbwl. Yna, un diwrnod daeth reiffl o rywle, ac yna fe gethon ni wersi arno i ddysgu ni shwt i anelu. Doedd rhai o'r milwyr ddim yn agos at y targed, o'n nhw'n anelu lan yn yr awyr yn rhywle. Ta beth, ar ôl i ni fod yno am tua pythefnos siwr o fod, fe ddechreuon nhw sôn am gael gards, i warchod y lle. Ein criw ni fyddai'r gards, ond beth o'n ni i fod i'w warchod yn union, wy' ddim yn siwr, achos doedd gyda ni ddim byd oedd yn werth ei warchod yno. Ta beth, fe gafodd pedwar ohonon ni'n galw i wneud y gwaith. A dyna beth oedd gyda ni fel arfau i warchod oedd coes caib neu goes pic! Shwt yn y byd o'n i i fod i warchod y gwersyll â choes pic, wy' ddim yn gwbod. Doedd *Dad's Army* ddim ynddi!

Ymhen peth amser daeth hi'n bryd ymarfer gyda drylliau mawr – hen ddrylliau trwm oedden nhw, o gyfnod y Rhyfel Mawr. Fuon ni'n eu defnyddio nhw am tua wythnos cyn i bethau ddod i stop sydyn ac fe ddywedodd y swyddogion wrthon ni nawr bod rhaid i ni ddysgu defnyddio *searchlights* – y goleuadau mawr oedd yn chwilio am awyrennau yn y nos. Roedd bachan yn sefyll yn y pen draw ac injan *diesel* ganddo, ac roedd e i fod i ddechrau'r injan lan er mwyn i ni gael pŵer ar gyfer y golau. Fuon ni wrthi'n ymarfer a gwella'n sgiliau. Popeth yn dda. Wel, ar ôl sbel, ro'n nhw'n credu'n bod ni wedi dod yn weddol o dda o ran ymarfer gyda'r goleuadau. 'We're going to have a proper practice today,' medde un swyddog. 'And we're going to have a real aeroplane coming over – so make sure you can spot it!'

Fe ganodd y gloch a phawb yn rhedeg mas i ddefnyddio'r golau. Ond, erbyn i ni ddod mas a dechrau chwilio gyda'r golau, roedd yr awyren wedi mynd heibio. Welais i ddim shwt beth erioed. Doedd dim trefn ar bethau o gwbwl, o'r milwyr cyffredin hyd at y swyddogion, roedd pawb yn ddiglem.

Gan mai milwyr oedden ni, roedd rhaid dysgu martsio – martsio gyda reiffl, heb fwledi wrth gwrs. Dyn bach oedd yn ein dysgu ni i fartsio. Bu e'n *major* yn y Rhyfel Mawr ac roedd e am i'r bois lleia fynd yn y blaen a'r rhai tala y tu ôl. Roedd y bois mawr yn gorfod martsio ar yn union yr un cyflymder camau â'r bois bach. Wrth i'r bois bach fynd *tip tip, tip tip*, roedd y bois mawr yn gorfod mynd *tip tip*,

tip tip yr un sbid a phellter camau â'r bois coese byr. Wel, i ni'r bechgyn tal, wrth gwrs, roedd hyn yn gythreulig o anodd – yn enwedig gan ein bod ni'n gwisgo'r *breeches* bondigrybwyll ac yn cario dryll ar ein cefnau.

Wedi i ni wneud rhyw hanner milltir, dyma'r Major yn gweiddi, 'Halt! About turn,' a dyma ni'n dod 'nôl. Dynion mawr yn y blaen nawr, a'r bois bach tu ôl. A'r bois mawr yn gwneud camau breision nawr, a'r bois bach fwy neu lai'n rhedeg er mwyn trial cadw lan. O'r nefi wen, 'na beth oedd golygfa.

Wedyn roedd rhaid i rai ohonon ni gerdded ar un ochr i'r hewl, a'r lleill ar yr ochr draw. Dyma'r Major bach yn dweud, 'Right, if a plane comes now, I want you to throw yourselves to the side, and shoot at the plane; that way, we may be able to take it down ...'

Shwt yn y byd roedd hynny'n mynd i ddigwydd, achos doedd dim bwledi gyda ni yn ein reiffls – byddai hynny wedi bod yn lot rhy beryglus. Mae e'n gwneud i fi chwerthin hyd yn oed nawr pan wy'n meddwl amdano fe, ond dyna'r cyfarwyddyd gafon ni ar y pryd i saethu bwledi dychmygol. A dyna nethon ni, fel tase'n bywydau ni'n dibynnu arno. Gredech chi fyth.

Yn yr wythnosau cynta doedd dim cerbydau gyda ni chwaith. Ond, rhyw ddiwrnod, fe gyrhaeddodd siwr o fod dwsin neu ragor o geir y *parade ground* a nawr roedd angen dysgu'r bechgyn i ddreifo. Daeth y cwestiwn, 'Faint ohonoch chi sy'n gallu dreifo?' Wel, o'n i'n gallu dreifo a bachan o Bontardawe, sef Jackie Boast, hefyd. Dim ond ni'n dau. Roedd rhaid i ni ddysgu gang o'r bois eraill i ddreifo, a doedd dim un o'r rhain erioed wedi cydio mewn olwyn car. Ta beth, fe gafon ni ddwy lori wedyn, hen loris o'r Rhyfel Mawr oedden nhw, a doedd dim *windscreens* ar y rhain, ro'n nhw'n gwbwl agored i'r gwynt a'r glaw. O'n i'n gorfod mynd ag un lori a Jackie'n mynd yn y llall. Roedd disgwyl i ni fynd mas i ddysgu'r bois 'ma i ddreifo ar y ffordd fawr. Roedd yr hewl oedd yn mynd heibio Parc Cinmel yn weddol o brysur yr adeg hynny, hyd yn oed, a doedd dim hawl gyda ni i fynd yn glou. Wel, wrth gwrs, o'n ni'n dala pawb lan ar yr hewl gyda'n loris trwsgwl, araf, ac roedd hyd yn oed y bysus yn mynd heibio i ni.

Fe fyddai rhai o'r bechgyn yn gwneud pethau dienaid hefyd. Un diwrnod fe ddaeth grŵp o fois ata i'n gofyn a fydden i'n fodlon eu dreifo nhw mewn i'r dre. Yr hanes oedd eu bod nhw wedi cael benthyg car gan berchennog tafarn lleol, a bod angen gyrrwr arnyn nhw. Wedi ychydig bach o drafod fe gytunais i fynd lawr â nhw i'r Rhyl. Dyma ni'n cyrraedd 'nôl cyn amser *curfew* – popeth yn iawn a phawb yn hapus. Y bore ar ôl hynny, ar y ffordd i'r *parade,* dyma fi'n gweld car tebyg iawn i'r un ro'n i wedi ei yrru i'r Rhyl y noson gynt. Edrychais eto. Yr un car oedd e! Wrth gwrs, nid y tafarnwr lleol oedd yn berchen ar y car, ond rhywun oedd yn gweithio yn y gwersyll, ac roedd y bechgyn wedi llwyddo i gael gafael ar yr allweddi o rywle heb ei ganiatâd. Rhai dyddiau wedyn dyma fi'n gweld un o'r bois oedd wedi gofyn i fi ddreifo'r car, ac fe wedes i wrtho fe, 'You do that to me again, and I'll kick your arse!' A dyma'r ddau ohonon ni'n chwerthin, ond ddreifes i fyth y gang 'na i'r dre wedyn, fe ddysges i 'ngwers.

Erbyn hyn ro'n i wedi dod i nabod rhai o'r bechgyn yn eitha da, ac ambell i noswaith yn yr haf fe fyddai dwsin ohonon ni yn dod at ein gilydd i gymdeithasu. Roedd e'n gyfle i gael tamed bach o hwyl ac adloniant. Byddai rhai'n adrodd rhyw ddarnau o farddoniaeth yn Gymraeg, ac ambell un yn gwneud rhyw bytiau yn Saesneg.

Wy'n cofio un gŵyl y banc fe godwyd *marquee* mawr lawr ar bwys y fynedfa i'r gwersyll. Roedd y teuluoedd yn gallu dod i weld y bois wrthi'n perfformio. I bobol oedd yn dod o Fanceinion neu Lerpwl, roedd eu perthnasau nhw'n gallu teithio yno'n hawdd, wrth gwrs, ond doedd dim lot o obaith i ni oedd â theuluoedd yn bell bant yn ne Cymru. Ta beth, roedd y swyddog oedd yn gyfrifol am drefnu pethau wedi cael gafael ar biano a medde fe wrtha i, 'Davies 720, get some of these Welsh chaps together and see if we can have a sing-song.'

Nawr, wy'n joio canu, a gwneud lot o sŵn, ond wy' ddim yn gerddor o gwbwl. A dyma fi'n dweud wrth y swyddog, 'Sir, I am not a musician.' Fe atebodd e, 'Don't worry, Davies, just get the men together – as many as you can.'

Fe lwyddais i gael rhwng ugain a thri deg o fois at ei gilydd ond y drafferth oedd gyda ni wedyn oedd cael rhywun i ganu'r piano. Oedd rhywun yn gallu chwarae? Pawb yn ysgwyd eu pennau. Ond fe ddywedodd un boi bach ei fod e'n gallu chwarae ... ond dim ond emynau! Ta beth, fe ganon ni 'Calon Lân' fel byddech chi'n disgwyl a chael dwy *encore* amdani. Roedd y gynulleidfa yno'n credu ein bod ni'n wych, druan â nhw, rhaid nad oedden nhw wedi clywed llawer o ganu. Â bod yn hollol onest, wy'n credu bod gyrfa ganu'r rhan fwya ohonon ni wedi dechrau ac wedi bennu yn y fan honno.

Ro'n i'n dod 'mlaen yn eitha da gyda'r Capten oedd gyda ni. Sgotyn oedd e, roedd e'n chwarae rygbi dros yr Alban; yn wir, fe ofynnodd e i fi drefnu tîm o Gymry i chwarae rygbi yn erbyn y catrodau eraill ac fe gafon ni hwyl fawr mewn gornestau â'r bêl hirgron. Ymhen amser fe roddodd y Capten fy enw i 'mlaen i fod yn swyddog. Fe gafodd tri ohonon ni fynd am gyfweliad i Gaer. Roedd y ddau arall – dau Sais o'n nhw, fel mae'n digwydd – wedi bod i ysgolion bonedd a finne ddim wedi bod yn agos i sefydliad o'r fath. Ta beth, yn y cyfweliad dyma un o'r swyddogion yn fy holi i, 'Tell us, Davies, what does your father do?' A finne'n ateb, 'He's a miner, sir.' Dyma'r swyddog yn dweud, 'Oh, right, yes.' A dyna fu diwedd y cyfweliad.

Ches i mo 'mhenodi'n swyddog. Yn ddiweddarach fe holodd y Sgotyn o Gapten fi pa gwestiynau ges i yn y cyfweliad. A dyma fi'n dweud eu bod nhw wedi gofyn i fi beth oedd gwaith fy nhad, a 'mod i wedi dweud wrthyn nhw mai glöwr oedd e. 'You bloody fool,' mynte'r Capten yn grac. 'You should have told them that he owned the bloody mine!'

Bob dydd Sul fe fydden ni'n mynd i'r Eglwys hyfryd lawr ym Modelwyddan – dyna i chi adeilad hardd, digon i godi'r ysbryd. Ond un bore Sul ym mis Medi 1939 fe glywon ni nad oedd yna *church parade* i fod. O'n i'n ffaelu deall beth yn y byd oedd yn bod. Daeth swyddog draw yn cario weiarles ac fe gafon ni gyfarwyddyd i ddod at ein gilydd i wrando ar y radio.

Am un ar ddeg o'r gloch, roedd Neville Chamberlain, y Prif Weinidog, yn siarad. Pawb yn gwrando'n astud. Neb yn symud. Fe gyhoeddodd fod lluoedd yr Almaen wedi mynd mewn i Wlad Pwyl. Ac yna'r cyhoeddiad mawr, 'I have to tell you now ... this country is at war with Germany.'

Pawb yn dawel. Dim gair wrth neb. Pob un wedi ei syfrdanu. O'n ni i gyd yn gwbod nawr fod y rhyfel wedi dechrau. Roedd yr holl chwarae a'r hwyl ar fin troi'n hollol, hollol ddifrifol. Doedd dim mynd adre i fod nawr.

Y Gwreiddiau

Yn Llandybïe, Sir Gaerfyrddin, y gwelais i olau dydd am y tro cynta. Fan 'na roedd cartre'r teulu ar y pryd. Priododd fy rhieni, James a Martha Davies, yn 1917, ac fe ges i 'ngeni yng Ngorffennaf 1918. Mae'n debyg 'mod i'n un go benderfynol o'r dechrau'n deg. Y stori yn y teulu yw fod y Kaiser wedi clywed 'mod i wedi cael fy ngeni, ac wedi penderfynu wedyn fod angen dod â'r Rhyfel Mawr i ben!

Roedd gwreiddiau teuluoedd 'y nhad a mam yn ddwfn yn nhir ffrwythlon Dyffryn Tywi. Roedd tylwyth 'y nhad yn hanu o blwy Llanegwad a theulu mam yn dod o blwy Llangathen, y plwy nesa at Lanegwad. Mae'n debyg y daeth awydd dros 'y nhad i ffindo mas beth oedd hanes y teulu o genedlaethau 'nôl, achos o'n nhw wedi gadael plwy Llanegwad ers sawl cenhedlaeth a rhai ohonyn nhw wedi mynd cyn belled ag America, eraill i gymoedd de Cymru, i chwilio am waith yn y diwydiant glo, lle ganed 'y nhad. A'r hanes yw bod 'y nhad wedi penderfynu ei fod e am ddod â'i deulu 'nôl i Ddyffryn Tywi ar ôl iddo fe gwrdd â rhywun o'r ardal draw yn Rhydaman. Dyn o'r enw Tom Rees, y Twyn, oedd hwnnw ac roedd e wedi sôn wrth 'y nhad ei fod e'n dod o blwy Llanegwad, ond ei fod

e'n byw ym mhlwy Llangathen ac y galle fe ffindo lle i
'nhad a'i deulu fyw lawr fan hyn heb ddim problem. A 'na
shwt ddaethon ni i fyw ym mhentre Dryslwyn. Rhyw bum
mlwydd oed o'n i ar y pryd – ac wy' wedi bod 'ma fyth
wedi hynny.

Er mai yn Sir Gaerfyrddin roedd 'y nhad, James, yn
byw cyn iddo fe gwrdd â Mam, chafodd e ddim ei eni na'i
fagu yn y sir. Bachgen o Ferthyr Tudful oedd e. Dyn bach
oedd e o ran maint a byr iawn hefyd. Fel bachgen ifanc fe
gafodd gynnig mynd i'r ysgol ramadeg ac fe dreuliodd e
rai blynyddoedd yno. Roedd ei dad yntau wedyn yn ddyn
mawr yn un o gapeli'r Methodistiaid ym Merthyr ac yn
ôl y sôn, roedd William Davies yn awyddus iawn i'w fab
James fynd yn bregethwr. Ond, na, doedd 'nhad ddim am
wneud hynny o gwbwl. Felly, fe ddywedodd 'y nhad-cu
wrth 'y nhad bod rhaid iddo fe ffindo gwaith ei hunan,
a chwarae teg iddo, dyna beth wnaeth e. Fel roedd hi'n
digwydd, roedd perthynas i Mam-gu, sef mam 'y nhad,
yn berchen ar byllau glo ac fe ddeallodd 'y nhad bod digon
o waith yn y pyllau glo. Gan nad oedd e a'i dad yn gallu
cytuno, fe gododd ei bac ac fe ddaeth lawr i Rydaman i
weithio. A fan 'na y cwrddodd e â Mam.

Roedd 'y nhad yn hoff iawn o gerddoriaeth a chanu.
Nid bod llais canu gwerth sôn amdano gydag e, cofiwch,
ond roedd e'n deall canu. Pan o'n i'n mynd â'r *Detholiad*
adre gyda fi o'r ysgol Sul, fe fyddai e'n cydio yn hwnnw'n
awchus, yn mynd drwy bob tiwn ac yn eu canu nhw i gyd
– y fersiwn sol-ffa wedyn, wrth gwrs. Roedd e'n dipyn o
arbenigwr ar y sol-ffa.

DIANC I RYDDID: RHYFEL D. T. DAVIES

Er nad oedd 'y nhad am fentro i'r weinidogaeth, roedd
diddordeb mawr gydag e yn yr ysgrythur. Ac er mai mynd
i'r eglwys ro'n i, Methodist oedd e. Roedd e'n ddyn ffein,
ond fe fyddai'n dadlau am bethau ysgrythurol yn yr ysgol
Sul yn aml iawn a'r dadlau hwnnw'n frwd hefyd. Er na
wnes i etifeddu'r un diddordeb mewn crefydd ag e, falle
bod gen i beth o'i ysbryd a'i benderfyniad ynddo i hefyd.

Menyw addfwyn iawn oedd Martha, fy mam, yn
gwneud ei gorau droston ni bob tro. Cadw tŷ roedd hi'n
ei wneud, fel mwyafrif y menywod yn y cyfnod hynny.
Ac er ei fod yn amser caled arnon ni, fel y rhan fwya o
deuluoedd oedd yn cael eu magu yn y tridegau, welon ni
ddim ishe dim byd, chwarae teg – dim bwyd, dim dilledyn,
dim pâr o sgidie. Ro'n ni'n deulu hapus dros ben.

Fi oedd yr hyna o bedwar o blant. Roedd dau frawd
gyda fi – Islwyn a Gwynfor – ac yna fy chwaer, Iona. Dim
ond Gwynfor a fi sy ar ôl nawr.

Aeth pob un ohonon ni i Ysgol Cwrt Henri, ar bwys
Dryslwyn. O'n i'n gwneud yn eitha da yn yr ysgol ac fe es
i 'mlaen i Ysgol Ramadeg Llandeilo ac fe fues i'n weddol
lwyddiannus fan 'ny hefyd. Roedd diddordeb mawr gyda
fi mewn cemeg yn enwedig. Falle allen i fod yn sgolor,
feddylics i.

Fel llawer iawn o löwyr, doedd iechyd 'nhad ddim yn
dda. Roedd e'n diodde o *pneumoconiosis* – anhwylder ar
y frest am iddo weithio o dan ddaear – ac fe waethygodd
hynny pan o'n i'n yr ysgol ramadeg. Wel, o'n i'n teimlo allen
i byth â chario 'mlaen gyda'r ysgol a bod angen i fi adael er
mwyn chwilio am waith. Daeth yr athro cemeg draw i'r tŷ i

weld 'nhad a mam hyd yn oed, i drio dwyn perswâd arnyn nhw i'n hala i i'r coleg er mwyn bwrw 'mlaen â'r pwnc. Ond doedd dim gobaith. Doedd dim modd gyda 'nhad a mam i wneud hynny, ac aethon ni ddim i chwilio unrhyw gefnogaeth ariannol o unrhyw fan arall, chwaith. Felly, fe adawais i'r ysgol.

Wedi dod mas o'r ysgol y broblem oedd fod cyn lleied o waith ar gael. Oherwydd ei bod hi'n gyfnod economaidd mor anodd a'r dirwasgiad wedi gafael mor dynn, roedd swyddi'n brin iawn. Ond o'n i'n siwr o un peth, do'n i ddim yn mynd i fod heb waith. Fe wnes i 'ngorau glas i gadw'n brysur i ennill arian. O'n i'n gweithio fan hyn, gweithio fan 'co, ro'n i'n barod i dorchi llewys. Fues i'n gweithio gydag ambell i ffarmwr ar y dechrau. O'n i'n cael dau neu dri diwrnod mewn un man falle, wedyn wythnos fan arall. Lle bynnag fyddai pobol am help, fydden i'n mynd.

Ar ôl sbel, ddechreuais i gael rhywfaint o waith gyda Mr Bryer, perchennog garej yn Dryslwyn, yn gweithio ar y lorïau oedd gydag e. Yn ddiweddarach, ges i gynnig gwaith fel postman. Dim ond gwaith dros dro – tra bo'r postmyn llawn amser yn cael eu gwyliau, o'n i'n cymryd eu lle nhw ar eu rownds. O dipyn i beth, fues i'n gwneud llawer iawn o bethau gwahanol, ac roedd bob ceiniog yn help, a finne'n magu profiad bob dydd. Cyfnod fel 'na oedd hi, roedd rhaid gwneud y gorau o bob cyfle.

Wedyn, dyma ffrind i fi'n sôn ei fod e wedi cael gwaith mewn lle newydd, a bod ei hen swydd e, fel clerc mewn swyddfa yn Llandeilo, yn mynd i fod ar gael. Er nad oedd gwaith mewn swyddfa yn apelio rhyw lawer ata i, fe benderfynais i fynd amdani oherwydd ei bod hi'n swydd barhaol oedd yn cynnig cyflog cyson, peth mawr mewn cyfnod ansicr. Ges i'r swydd, ac er na fues i'n hapus yn gwneud y gwaith hynny, fan 'na fues i tan i fi gael fy ngalw i fynd i gael fy hyfforddi ar gyfer y lluoedd arfog.

Y peth mwya wy'n gofio am ein magwraeth ni fel teulu yw mai'ch gair chi *oedd* eich gair chi. Roedd 'y mam a 'nhad yn bendant am hynny o'r cychwyn cynta. Doedd dim amau i fod ar hwnnw o gwbwl ac roedd eich gair i fod yn eirwir *bob tro*. Doedd dim 'nôl a 'mlaen ar hynny. A wedyn roedd angen ymddwyn yn dalïedd tuag at bawb, 'sdim ots pwy yn y byd o'n nhw, na beth o'n nhw yn ei wneud. A'r neges arall gafon ni gan ein rhieni oedd i fod yn gymhedrol ym mhob peth. O'n ni'n cael rhyw gynghorion fel 'na bob hyn a hyn ganddyn nhw. Pan o'n i'n ifanc yng nghefn gwlad, pe bai teuluoedd yn gweld aelod o'r teulu'n dechrau mynd ar gyfeiliorn mewn rhyw ffordd neu'i gilydd, byddai rhybudd diflewyn-ar-dafod yn dod er mwyn cadw trefn, a gan amlaf fe fyddai hynny'n ddigon. Mae'r fagwraeth gadarn ges i wedi bod yn bwysig iawn i fi ac yn rhan fawr o pwy ydw i. Roedd pwyslais mawr ar wneud ein dyletswyddau'n gywir a hynny hyd eithaf ein gallu bob amser – wy'n meddwl fod hynny wedi aros gyda fi ar hyd 'y mywyd.

Tir Tramor

Yn fuan iawn wedi'r cyhoeddiad am ddechrau'r rhyfel, fe ges i wbod 'mod i'n cael fy anfon i Ffrainc, tra oedd pob un arall yn fy nghatrawd i'n mynd i rywle arall. Hyd at y dydd heddi, wy'n dal heb ffindo mas beth oedd y rheswm am hynny. Ond yng ngaea 1939, dyna lle'r o'n i yn Cherbourg yn Normandi, ar arfodir gogledd-orllewin Ffrainc, am rai dyddiau yn aros am orchmynion a chyfarwyddiadau. Ddywedwyd dim byd wrthon ni ynglŷn â'r dasg oedd yn ein hwynebu, a falle, wrth edrych 'nôl ar bopeth ddigwyddodd i ni, nad oedd hynny'n ddrwg o beth. Fydden ni ddim wedi mynd fel arall, falle.

Roedd tua deg ohonon ni wedi dod at ein gilydd, pawb o'r un gatrawd – y Royal Artillery neu'r Magnelwyr Brenhinol – ond o wahanol *batteries*. Do'n i ddim yn nabod yr un o'r bechgyn eraill ac o'n ni'n meddwl, 'Ble y'n ni fod i fynd? Beth sy'n digwydd?' Roedd pawb yn y niwl. Yn sydyn reit, heb ddim rhybudd, fe wedodd rhywun wrthon ni bod rhaid i ni jwmpo ar y trên, a gethon ni bob o bacyn bach o fwyd i fynd gyda ni, ond dim dŵr na dim arall i'w yfed. Fuon ni'n teithio ar y trên am ddiwrnod neu ddau. Yn y diwedd, fe gyrhaeddon ni Marseille lawr yn ne Ffrainc. Dadlwytho wedyn a chael ein cyfeirio i fynd ar fwrdd llong.

Wy'n cofio'n iawn, roedd y môr fel llyn, yn llonydd hollol, ond o'n i mor dost ag y gallen i fod, yn sâl fel ci! Ymhen peth amser fe gyrhaeddon ni ynys Malta. Ond roedd rhaid i ni aros ar y llong. O'n i'n mynd ymhellach ac ymhellach i ffwrdd o adre ac yn y pen draw dyma'r llong yn cyrraedd Alexandria yn yr Aifft. O fan 'na wedyn lawr i Suez, a'r gamlas sy'n cysylltu Môr y Canoldir a'r Môr Coch.

Cyrhaeddodd yr *engineers*, neu'r peirianwyr, ac fe ddechreuon nhw ddodi lle'n barod er mwyn gosod *searchlight*. Yna dyma'r Cyrnol yn dod aton ni ac yn datgan, 'You boys! You're only in the army for six months. Doesn't matter how good you are, there'll be no promotion for you. The soldiers we have here are full time professionals – *they'll* be the ones who are promoted.' Popeth yn iawn, feddylion ni ar y pryd, doedd dim gwahaniaeth gyda ni fois ifanc, dim ond am chwe mis ro'n ni am fod yn y fyddin. Wrth gwrs, wrth iddi dynnu at fis Ionawr 1940, roedd y cyfnod hwnnw ar fin dod i ben i ni. Ond doedden ni ddim yn clywed siw na miw am gynlluniau i'n danfon ni adre. Fe gododd un o'r bois ei ben a holi pam nag o'n ni'n cael mynd adre nawr achos bod ein cyfnod yn dod i ben. 'The war started, man. We can't let you go yet!' bytheiriodd y Cyrnol. Ac roedd rhywun yn synhwyro bryd hynny y gallai hi fod yn amser hir iawn cyn y bydden ni'n cael ein rhyddhau.

Roedd y cyfnod cychwynnol hwnnw yn yr Aifft yn adeg eitha prysur. O'n ni i fod i ddysgu am lot o bethau newydd, *Morse Code*, a dod i arfer â drylliau mawr, fel magnelau. Ro'n ni'n ymarfer yn gyson gyda'r drylliau gan godi pwysau trymion. Roedd e'n 100 pwys bob tro, hynny yw, roedd y *shell* yn pwyso 100 pwys, ac o'ch chi i fod i godi hyn a hyn ohonyn nhw mewn munud. Wel, diawch erioed, oherwydd ein holl ymarferion, roedd ein bois ni yn well na'r milwyr proffesiynol erbyn diwedd. Fe faeddon ni nhw bob tro ar *manoeuvres*, ac roedd hynny'n rhoi tipyn o hwb i ni. Doedd y bois proffesiynol ddim yn fodlon â hynny o gwbl – 'sdim byd fel balchder a thamed bach o gystadleuaeth, oes e?

Ar ôl bod yn yr Aifft am dipyn bach fe ofynnodd un o'r swyddogion i ni, 'Can anyone here drive?' Wrth gwrs, wedes i 'mod i'n gallu gwneud. Fel mae'n digwydd, fi oedd yr unig un. Roedd jobyn yn aros amdana i felly. Roedd y periannwyr yn gadael y gwersyll, ac roedd rhaid i fi fynd gyda nhw i Cairo er mwyn casglu cerbyd, a dod 'nôl ag e i Suez. Ta beth, bant â ni; y ddau *warrant officer* yn y ffrynt a fi yn y gwt. Wedon nhw ddim gair wrtha i ar hyd y siwrne. O'n nhw'n siarad â'i gilydd ond do'n nhw'n dweud dim wrtha i. Wel, ges i wbod 'yn lle, yn do fe? Pan gyrhaeddon ni'r ddinas fe adawon nhw fi yn Cairo heb fwyd na llety ac yn fwy na hynny doedd dim sôn am unrhyw fath o gyfarwyddyd chwaith. A welais i mohonyn nhw wedyn, roedd hi fel petaen nhw wedi diflannu i'r niwl.

Beth o'n i am ei wneud? Es i mewn i swyddfa yn y ganolfan oedd gyda'r fyddin yn Cairo a dweud beth oedd 'y mhroblem i. Ces wbod gan rywun yno 'mod i yn y lle rong, ond doedd gen i ddim o'r syniad cynta ble roedd y lle reit! Ta beth, ges i damed o fwyd gyda nhw a chael aros mewn sied fach oedd gerllaw. Fi oedd yr unig un oedd yno. Yn y bore glywes i bod rhywun o Heliopolis, ar gyrion Cairo, yn mynd i ddod ata i, ac y byddai yntau'n trosglwyddo'r lori i fi er mwyn mynd i Suez oedd yn daith o ryw wyth deg milltir, siwr o fod. Do'n i erioed wedi bod yng Nghairo cyn hyn, oedd y cyfan yn hollol ddierth i fi. Fel mae'n digwydd, o'n i wedi sylwi ar shwt ddethon ni draw. O'n i'n ffyddiog y bydden i'n gallu cofio'r ffordd 'nôl hefyd – ro'n i'n dibynnu ar fy nghof a thalp go lew o lwc.

Wel, dyma'r dyn yn dod, ac yn dweud wrtha i bod y tryc yn barod i fi. Yn ei law roedd pishyn mawr o bapur. 'Right,' medde fe yn llawn awdurdod. 'The wheels are fine and the tyres are alright.' A mynd trwy restr hir o bethau. Wedyn dyma fe'n dod mas â'r cit reparo ac roedd hi'n amlwg o'i ffordd e nad oedd dim o'r amcan cynta gydag e am hanner y pethau roedd e'n sôn amdanyn nhw. Roedd hi'n rhyw damed o gysur pan ddywedodd e wrtha i bod y tryc yn llawn o betrol, o leia, a bod popeth yn barod i fi fynd ar y ffordd.

Fe adewais i'r peth cynta'r bore wedyn. Mas o Heliopolis. Mas o Cairo. A thrwy lwc a bendith, fe welais i'r ffordd ro'n i'n chwilio amdani, ac fe gyrhaeddais i 'nôl yn Suez yn saff. Yno ces orchymyn arall – ro'n i i fod i fynd â swyddogion draw o Suez, o enau'r gamlas, at y gwersyll ac i'r fan lle ro'n nhw'n cysgu. Ar ôl i fi wneud hynny ces fy ngalw mewn i'r swyddfa a chael cyfarwyddyd mai fi oedd i ddysgu rhai o'r milwyr proffesiynol i yrru. Ac am sbel fach dyna fy ngwaith i oedd mynd â phedwar o'r milwyr proffesiynol mas i ddysgu iddyn nhw shwt i ddreifo, fi, y consgript bach o Gymru.

Roedd y ffaith 'mod i'n gallu gyrru yn rhoi rhyw damed

bach o ryddid ac amrywiaeth i fi a dweud y gwir. Un diwrnod fe ddywedodd swyddog wrtha i y byddai'n rhaid i fi yrru'r Cyrnol lawr i Cairo a falle byddai'n rhaid aros yn y ddinas am dri diwrnod. Byddai hynny'n rhoi cyfle i fi weld Cairo yn iawn dros y tridiau, a thra 'mod i'n mynd rownd y lle yn cael golwg ar bethau fe wnes i fwrw mewn i filwr arall oedd ar gyfnod o *leave*. Fe ofynnodd i fi beth o'n i'n wneud, a finne'n dweud wrtho fe mai manteisio ar y cyfle i gael golwg ar y lle o'n ni. 'Come with me,' medde fe heb ddweud dim mwy na hynny wrtha i. Fel hyn roedd hi adeg rhyfel, byddai pethau annisgwyl yn digwydd o hyd.

Sylweddoles i'n weddol glou mai ar ein ffordd i weld y pyramidau a'r Sphinx roeddwn i a 'nghyfaill newydd. Roedd tri swyddog yno o'n blaenau ni; swyddogion ifanc oedd rhain, nid uwch-swyddogion, ac ro'n nhw'n dri deryn hefyd. Dwi ddim yn siwr shwt ro'n nhw wedi dod i ben â hyn, ond ro'n nhw wedi cael gafael ar geffylau, digon i bawb. A medden nhw wrtha i a'r milwr arall oedd gyda fi, 'Allwch chi neidio ar gefn y ceffylau a dod gyda ni.' Wel, y nefi wen! Bant â ni. Rasio wedyn, a chael tipyn o sbort. Ar ddiwedd y dydd gethon ni wahoddiad i gael bwyd gyda nhw. Wrth gwrs, yr arfer y dyddiau hynny oedd nad oedd swyddogion yn cael dim i'w wneud â *Privates* neu *Gunners* cyffredin fel ni. Ond roedd rhain yn gyfeillgar iawn ac yn talu dim sylw i arferion a phrotocol, chwarae teg, ac roedden nhw'n gwmni da hefyd.

O'n nhw'n gofyn i fi beth o'n i'n wneud yn y fyddin fel arfer a dyma fi'n dweud mai gyrru tryc oedd 'y ngwaith i. Fe ddywedon nhw bod angen rhywun i yrru arnyn nhw.

'Gofynna am gael *transfer* aton ni,' medden nhw. Fe wnes i hynny, ond ces fy ngalw mewn at y Cyrnol yn syth ac yntau'n gofyn i fi pam o'n ni ishe *transfer*. Wedes i 'mod i'n teimlo nad o'n i'n cael llawer i'w wneud, a bod angen newid bach arna i. 'There's nothing wrong with this regiment,' oedd ei ymateb e'n syth. 'If you stay here, you'll go back home alive. This is the safest place you'll find,' medde fe. Wrth edrych 'nôl nawr, fwy na thebyg fod yr hyn roedd e'n ei ddweud yn eitha gwir ond ar y pryd doedd dim yn tycio gyda fi, ro'n i'n awchu am antur.

Ta beth, ymhen cwpwl o fisoedd fe alwodd y Cyrnol fi mewn eto. 'I've got something for you,' medde fe. 'You're going up to Port Said.' Roedd hynny reit wrth geg y gamlas, rhyw 100 milltir o Suez. Yr hyn fydden i'n ei wneud fan 'na fyddai rhoi *searchlight* lan, reit ar ben draw y pier. Roedd sarjant gyda ni, Sarjant Joe Davies. Enw Cymraeg da, ond bachan o Swydd Efrog oedd e, er, chwarae teg iddo, roedd e'n lico meddwl bod gwreiddiau Cymreig gydag e. Ro'n ni'n cario popeth fan 'na gyda'n dwylo, a bois bach, roedd yr offer yn drwm. Tra o'n ni yn Port Said roedd ishe rhywun i fynd â negeseuon o un man i'r llall ac o'n nhw chwilio rhywun oedd yn gallu reido moto-beic. Heb feddwl ddwywaith, fe welais i 'nghyfle, ac fe ddywedais i 'mod i'n gallu gwneud. A 'na ni, yn sydyn reit ro'n i'n *despatch rider*! Fydden i'n mynd wedyn o Port Fuad ar y fferi i Port Said, ac o fan 'na wedyn i'r *aerodrome* gerllaw yn cario negeseuon.

Un tro o'n i'n mynd lan i'r *aerodrome*, ac ar y ffordd roedd 'na ysbyty yn agos i'r môr, a rheilffordd yn rhedeg o'r traeth i'r ysbyty, a *sandbags* ar hyd y ffordd. Wel, fwres

Y milwr ifanc, pwy a ŵyr beth sy o 'mlaen i? Dyma fi y tu allan i'r babell yng ngwersyll Parc Cinmel, 1939.

Yn anialwch Sinai, yr Aifft, 1941. Fi sydd ar y dde. Roedd y cyfnod yn yr Aifft yn dawelwch cyn y storom i fi.

Gwersyll Stalag 18A ar gyrion Wolfsberg, Awstria. Roedd rhyw dawch am y Stalag, arogl marwolaeth fwy na thebyg. Meddwl am ddianc oedd yr unig beth oedd yn fy nghynnal i tra 'mod i yno.

Llun: Tanya O'Kennedy ac Ian Brown, Stalag18a.org.uk

Y Rwsiaid truenus yn Stalag 18A. Ro'n nhw'n cael eu trin yn ofnadw gan y swyddogion Nazïaidd yn y gwersyll, byddai degau ohonyn nhw'n marw bob wythnos.

Lluniau: Mike Riddle ac Ian Brown, Stalag18a.org.uk

Yn Stadl an der Mur, Awstria. Geoff Hallett ar y chwith, Dougie Arthur yn y canol a fi ar y dde.

Murau, Awstria. Len Caulfield ar y chwith, fi a Geoff Hallett o Gaerdydd.

Murau. Roedd y gwaith yn galed a'r tywydd yn oer ond roedd croeso'r bobol yn wresog.

Rhai o'r criw yn Murau. Fi yw'r ail o'r dde yn ymyl Franz Moshammer. Mae'r pennaeth, Ferdinand Zeiper, yn y canol yn gwisgo'r cap, roedd e'n ein trin ni garcharorion yn deg iawn.

Fi ar y dde gyda'r gŵr lleol caredig, Franz Moshammer, yn Murau.

Dougie Arthur a Geoff Hallett, dau gyfaill triw yn Murau.

Ceisio cadw'n gynnes yn yr eira.

Roy Natusch o Seland Newydd. Am wythnosau fuodd e a fi'n cynllunio i ddianc o Awstria i Hwngari. Ro'n i'n ei ystyried yn ddyn arbennig iawn.

Roy Natusch yn gwisgo ei fedalau â balchder. Bu farw yn 90 oed yn 2009.

Cael saib o'r gwaith caib a rhaw yn Murau. Fi sydd yn y canol gyda milwr o Awstralia ar y chwith a Len Caulfield ar y dde.

Joe Walker o ardal Durham (ar y chwith) a fi. Fe ddihangodd Joe gyda fi a Roy Natusch o Seland Newydd, o Gaas yn Awstria. Fe groeson ni'r ffin i Hwngari cyn cael ein dal mewn coedwig.

Agnes Kraller, perchennog y ffarm lle roeddwn i'n gweithio pan ddihanges i o Awstria i Hwngari yn 1943.

Agnes Kraller a'r teulu ar y ffarm.

Lluniau o eiddo'r Teulu Kraller

Szigetvár, Hwngari, yn gynnar yn 1944. Roedd hi fel y Cenhedloedd Unedig yno – Ffrancwyr, Albanwyr, Saeson, Iddewon, Bechgyn o Awstralia a Seland Newydd ... ac un Cymro bach. Fi yw'r pedwerydd o'r chwith yn y rhes ganol.

Allen Hugh 'Sammy' Hoare o Seland Newydd.

Sammy Hoare â'i wraig. Bu e gyda fi yn Szigetvár, Hwngari ac yn Iwgoslafia.

i'r *sandbags*, fe gwmpes i oddi ar y beic a moelodd y beic hefyd, ac yn y broses fe chwales i beth o drac y trên. Ro'n ni wedi cael siars cyson, 'If yoy hit anybody, don't stop, just keep going.' Felly bant â fi heb ddweud dim wrth neb, o leia doedd neb wedi cael niwed, feddylies i. Rhyw ddiwrnod o'n i'n dilyn angladd a'r arch ar agor. Fe dynnes i mewn jyst tu ôl i'r hers ac arafu. Ta beth, cerddodd rhywun mas o 'mlaen i ac fe gyffyrddodd 'y meic i ag e. Doedd e ddim yn lot o wrthdrawiad, a wy'n siwr nad oedd y dyn wedi cael dolur achos do'n i ddim yn mynd yn glou o gwbwl. Ond wnes i ddim stopio achos o'n i i fod i gadw fynd, dyna'r cyfarwyddyd ges i. Ond fues i'n gofidio wedyn y bydden nhw'n disgwyl amdana i yn y man 'na ar y ffordd 'nôl er mwyn dial neu dalu'r pwyth yn ôl, ond na, fe gyrhaeddais i 'nôl yn eitha diogel, diolch byth, a wy'n siwr fod y person fwres i mewn iddo fe yn hollol iawn. Ond roedd y cyfan yn achos pryder ar y pryd, rhaid cyfadde.

Weithiau fe fydden i'n cael mynd i nofio yn y môr. Ro'n i ar draeth bach un diwrnod, ac yn paratoi i fynd mewn i'r môr, pan welais i'r bachan 'ma yn y tonnau o 'mlaen i. Wel, o'n i'n ffaelu credu'n llygaid! Bachan oedd yn byw jyst lawr yr hewl wrthon ni adre oedd e. Aneurin Lewis oedd ei enw e, roedd e'n byw yn Sarn Gelli ac o'r un pentre a fi! Roedd e mas yn yr Aifft ar y drylliau *anti-aircraft*, mae'n debyg. Wedi iddo fe a fi ddod dros y sioc o weld ein gilydd filoedd o filltiroedd o adre, dyma fi'n gofyn iddo fe a oedd e'n chwilio am rywbeth, achos o'n i wedi sylwi ei fod e fel tase fe'n edrych o gwmpas yn eitha taer. 'Wel, weda i'r gwir wrthot ti, Dai,' medde fe, yn dawel bach. 'Wy' newydd golli 'nannedd dodi yn y môr ...' A 'na lle fuon ni wedyn yn chwilio am ei ddannedd. Dau fachan o Dryslwyn yn chwilio am bâr o ddannedd dodi yn y môr yn yr Aifft. Gredech chi fyth! Ta beth, ddaethon ni ddim o hyd iddyn nhw, druan â Aneurin. Ond roedd hi'n anhygoel o beth i gwrdd â rhywun oedd yn byw mor agos i fi adre mas fan 'na a hynny ar hap llwyr.

Tra o'n i yn Suez wedyn roedd un o'r swyddogion gyda ni wedi bod yn *cox* yn y Boat Race i Gaergrawnt, ac roedd e am ddechrau tîm rhwyfo mas yn yr Aifft. Wel, roedd rhaid i ni ddysgu termau dieithr ar gyfer y busnes rhwyfo 'ma achos roedd yn rhaid i bawb wbod yn gwmws beth i'w wneud pryd, a phan oedd y *cox* yn gweiddi arnon ni ro'n ni i fod i ymateb yn syth. Roedd rhaid i ni ofyn am ganiatâd arbennig i rwyfo ar y gamlas er mwyn gwneud yn siwr nad o'n ni'n bwrw mewn i unrhyw longau na chreu trwbwl. Popeth yn iawn, fe ddaeth caniatâd, ac o'n i'n cael mynd am ryw filltir mas a 'nôl. A dyma ni'n mynd a phopeth i'w weld yn mynd yn iawn, ond yn sydyn reit, tu cefn i'r cwch, daeth y llong fferi mas o unman. Wrth gwrs, doedd yr wyth ohonon ni oedd yn rhwyfo ddim yn gallu gweld y llong achos bod ein cefnau ni tuag ati, ond roedd y *cox* yn gallu gweld yn iawn beth oedd yn digwydd ac yn gweld ein bod ni'n mynd yn syth am y fferi. Wel, 'ma fe'n gweiddi mewn panic gwyllt, druan. 'Oars! Oars!' medde fe, yn sgrechen nerth ei ben i'n cael ni i roi'n rhwyfau yn y dŵr er mwyn arafu. Fe stopion ni o fewn rhai llatheidi i'r fferi. Wel, wel, 'na beth oedd *close shave*, ys dywed y Sais.

Alla i weld yr olwg 'na o ryddhad llwyr ar wyneb y *cox* hyd at heddi – fe welodd y dyn bach ei fywyd yn rhuthro heibio mewn eiliadau. Fuon ni ddim mas yn rhwyfo ar ôl hynny. Yn Port Said roedd y tro cynta i fi'n gweld ni'n cael ein bomio. I fod yn onest, doedd e ddim yn brofiad mor wael ag o'n i wedi'i ofni. Awyrennau'r Eidal oedd yn ein bomio ni ond achos eu bod nhw'n hedfan mor uchel roedd y bomiau'n cwympo dros y lle i gyd, yn hollol wasgaredig, heb fynd i gyfeiriad penodol. Chafodd neb eu hanafu.

Roedd milwyr y Black Watch, sef y Royal Highland Regiment, yn dod lawr o Balesteina, ac roedd rhai i fod i fynd 'mlaen i Ismaïlia sef dinas ar lan orllewinol Suez, a rhai i fod i ddod i Port Said. O'n i am fynd lan i gwrdd â nhw yn y diffeithwch yn y tryc. Doedd dim hewlydd yn y rhan hon o'r wlad, wrth gwrs, dim ond tywod. Fe wedodd swyddog, sef Second Lieutenant Jones, y byddai e'n dod lan yn y tryc gyda fi. Rhywle ar y ffordd lan, dyma Jones yn dweud wrtha i ei fod e'n mynd i reido'r moto-beic oedd gyda ni yn y cefn. Fe ddywedais i wrtho fe na allen i ganiatáu hynny, achos mai yn fy ngofal i roedd y moto-beic a bod rhaid i fi fod yn gyfrifol amdano fe bob amser. Ond doedd e ddim yn lico clywed hynny. 'I'm the senior officer here,' medde fe wrtha i. 'You do what I tell you.' Wel, 'na ni 'te. Er nad o'n i'n lico'i agwedd e o gwbwl, fe oedd y swyddog, ac roedd rhaid i fi wrando arno fe – fel 'na roedd pethau yn y fyddin.

Bant ag e ar y moto-beic. Wel diawch, os na fwrodd e dwll yn y tywod a disgyn oddi ar y beic. Erbyn hynny o'n i'n gweld y Black Watch yn dod lawr tuag aton ni. Beth o'n i am wneud? Trwy lwc fe daniodd y beic yn iawn, ac roedd pethau'n olréit ac fe lwyddon ni i osgoi unrhyw drwbwl a gorfod ateb cwestiynau anghysurus. Fi fyddai wedi bod mewn trwbwl, nid fe. Tase fe wedi gadael pethau i fod fyddai e ddim wedi cael damwain gyda'r beic yn y lle cynta. Ond 'na ni, fe fynnodd yntau ymyrryd, ac fe ddysgodd e 'i wers, gobeithio.

Yr unig beth arall wy'n ei gofio am yr Aifft oedd bod y mosgitos yn peri problem ofnadw i ni. A 'sdim dowt gyda fi mai dyna shwt ges i malaria yn y lle cynta ar ôl cael fy nghnoi gan un o'r pryfetach bach cythreulig, neu fwy nag un falle. A fues i'n diodde o effeithiau'r hen salwch 'na am flynyddoedd wedi hynny.

Ta beth, ym mis Tachwedd 1940, ar ôl bod yn yr Aifft am bron i flwyddyn, daeth gwybodaeth fod rhai ohonon ni i fod i fynd i ynys Creta, yng Ngwlad Groeg. Ac er nad o'n i'n gwbod hynny ar y pryd, fe fyddai'r hyn oedd am ein hwynebu ni yno yn brofiad a fyddai'n effeithio arna i am weddill y rhyfel a thu hwnt, profiad fyddai'n newid fy mywyd i'n llwyr.

Ynys y Bomiau

Creta yw'r ynys fwya sy'n perthyn i Wlad Groeg, ac mae'n gorwedd bron i 200 milltir i'r de o'r brifddinas, Athen. Erbyn heddi, wrth gwrs, mae'n gyrchfan gwyliau poblogaidd iawn, ac mae'n hawdd gweld pam. Mae'n ynys brydferth tu hwnt ac yn rhyw fath o baradwys i ymwelwyr o bob rhan o'r byd. Ond ro'n i yno ymhell cyn y twristiaid a doedd gorwedd ar y traeth i fwynhau'r haul ddim yn rhywbeth y gallen i fentro'i wneud.

Roedd milwyr Prydain wedi cael eu hanfon draw i Wlad Groeg achos bod yr Eidalwyr a'r Almaenwyr wedi ymosod ar y wlad. Ystyrid Creta yn fan strategol pwysig iawn i'r llynges wrth amddiffyn ardal dwyrain Môr y Canoldir.

Roedd llong yr *HMS Liverpool* wedi ei tharo gan dorpido a chludwyd hanner y criw a achubwyd i ynys Creta. Felly pan gyrhaeddon ni'r ynys gan feddwl mai ni oedd y lluoedd cynta i gyrraedd yr ynys, roedd criw y *Liverpool* yno eisoes. Ro'n ni i fod i fynd lan i'r man lle roedd Souda Bay yn dechrau – mae Souda Bay yn harbwr naturiol anferth sydd oddeutu naw milltir o hyd, ac roedd angen i ni gyrraedd y man pella. O'r fan honno roedd bois y llynges yn mynd i fod yn anfon signalau lawr i Souda gan roi gwbod pa longau oedd yn dod mewn. Ein cyfarwyddyd ni oedd ein bod ni i aros gyda'r llynges yno.

Cawson ni gyfarwyddyd i fynd i hen jael cyfagos ac ro'n ni i fod i aros yno. Doedd dim cerbydau o gwbwl gyda ni – dim byd. Ond fel sy'n digwydd mewn sefyllfaoedd enbydus ac ansicr fel hyn, fe ddaeth cerbyd o rywle ac roedd angen rhywun i ddreifo. Fi oedd y rhywun hwnnw. Lawr i Souda wedyn i gael y lori – o'n i i fod i ddreifo honno i fynd ar wahanol negeseuon. Fuon ni'n byw gyda bois yr *HMS Liverpool* am gyfnod ac o'n ni i gyd yn tynnu 'mlaen yn dda. Ond ym mis Ionawr 1941 cafodd bois y *Liverpool* fynd o'r ynys, a daeth rhagor o filwyr mas i ynys Creta wedyn. Daeth y Gatrawd Gymreig mas yn un, a'r Yorks and Lancs a lot fawr o rai eraill hefyd ond chofia i ddim o enwau'r *regiments* i gyd. Erbyn gwanwyn y flwyddyn honno roedd rhyw 15,000 o filwyr Prydain mas yno.

Y gwaith penna oedd gyda fi oedd reido moto-beic. O'n nhw'n meddwl bod y gelyn yn gallu codi rhai o'n signals ni, felly y jobyn oedd gyda fi oedd cymryd signals wrth yr Yeoman of Signals a'u cario nhw lawr i Souda Bay.

Yn 1941 roedd ein milwyr ni wedi cael eu gyrru mas o Wlad Groeg ac roedd y rhan fwya ohonyn nhw wedi dod draw i ynys Creta. Buodd yn rhaid iddyn nhw ffoi a dod i ynys Creta heb fawr iawn o arfau. Yn ogystal â milwyr Prydain, roedd gyda ni ryw 7,000 o Awstralia, nifer debyg o Seland Newydd, a miloedd o Roegiaid hefyd. Ac am fod nifer wedi cyrraedd heb arfau, ro'n ni'n gorfod rhoi lot o'n harfau ni iddyn nhw.

Ar 20 Mai 1941, fe ddechreuodd yr Almaenwyr ein bomio ni. Roedden nhw wedi dechrau cyrch penodol yn ein herbyn o dan yr enw Operation Mercury. Roedd hi'n ddiddiwedd wedyn. Yn ddiddiwedd. Bob dydd, ac am sawl noson, roedd y bomiau'n disgyn. Doedd dim iws cyffro o'r lle, rhag ofn. Roedd yr awyrennau uwch ein pennau ni o hyd, y Messerschmitts a'u gynnau didrugaredd.

Wy'n cofio un diwrnod fe jwmpodd rhai ohonon ni mewn i ogof ar bwys un o'r traethau i gysgodi rhag ymosodiadau'r Almaenwyr o'r awyr. Daeth un o'r bomiau lawr yn ein hymyl ni. Wir i chi, fel o'n i'n gweld pethau ar y pryd, o'n i'n meddwl y gallen i fod wedi estyn mas a'i gyffwrdd e bron, fe gwmpodd mor agos â hynny aton ni. Aeth heibio i ni a thwrio mewn i'r traeth, yn ddwfn i'r tywod. Trwy lwc, wnaeth e ddim ffrwydro. Ond bois bach, roedd e'n agos aton ni. Alla i ddweud wrthoch chi, roedd e'n un o'r profiadau 'na oedd yn gwneud i wallt eich pen sefyll yn syth. Anghofia i fyth mohono fe.

Ar ddiwrnod arall wedyn o'n i'n torri ffosydd lawr ar y traeth. A ddechreuon nhw fomio eto. Roedd dau fachan o Iwerddon gyda ni ac un ohonyn nhw'n gweiddi arna i. 'Taff! Taff!' medde fe, 'Pray! Pray like hell!' Roedd yr hen fomiau 'na'n disgyn mor agos aton ni, roedd rhywun wir yn meddwl fod y diwedd wedi dod, ac mai gweddi daer oedd yr unig obaith.

Un nos wedyn lawr ar y traeth fe glywon ni sŵn. Ffonion ni i ddweud wrth yr *observation post* bod rhywun mas yno – yn y bae. Ond yna, daeth neges 'nôl i'n sicrhau ni bod dim byd o'i le a neb yno. Ta beth, mewn llai nag awr cafodd llong fawr yr *HMS York* ei tharo. Roedd rhyw hanner dwsin o longau bach y gelyn wedi dod mewn yn ddistaw ac wedi bwrw'r *York* a bu honno'n gorwedd yn Souda Bay am flynyddoedd wedi hynny.

Ta beth, daliwyd rhai o filwyr y gelyn oedd wedi cyrraedd y traeth ar yr ynys. A lan aton ni ddaethon nhw, i'r hen jael lle ro'n ni'n aros. Bois y Black Watch hebryngodd y rhain i'r jael a digwydd bod, ro'n i wedi cwrdd ag un o'r rheiny yn yr Aifft. Fe gafodd y ddau ohonon ni gymaint o sioc i weld ein gilydd eto fan 'na ar ynys Creta. Roedd pethau fel hyn yn digwydd o hyd adeg rhyfel.

Wy'n cofio un o'n llongau ni wedyn yn cael ei bomio gan Stuka – un o *dive bombers* yr Almaenwyr – pan oedd hi mewn man a ystyrid yn harbwr diogel. Aeth y llong lawr yn y ddisymwth a'i chriw arni hefyd. Fe ddioddefodd y llynges nifer fawr o golledion yn ystod y cyfnod gyda dros 1,800 o forwyr yn cael eu lladd. Ac roedd ymosodiadau cyson yr Almaenwyr o'r awyr yn cael effaith arnon ni ar dir a môr. Wy'n cofio un achlysur arbennig pan o'n ni'n trio cysgodi rhag ymosodiadau, ac yn gwisgo hetiau tun. Fe gwympodd bom a bwrw wal gyfagos a chwalu honno'n rhacs. Fe ges i fy nghnoco mas am ychydig gan nerth yr ergyd, a nid dim ond fi, ond sawl un ohonon ni. Roedd y *blast* wedi'n bwrw ni i gyd. Ta beth, fe safion ni'n weddol, a chafodd neb o'n criw ni niwed difrifol, diolch byth. Ond roedd e'n dipyn o shiglad, a dweud y lleia.

Roedd un o'r bois oedd gyda ni a rhyw ddawn anhygoel ganddo, rhyw fath o chweched synnwyr bron. Fyddai e'n sefyll ar ben wal ac yn gweiddi, 'They're on their way, I'm telling you, they're on their way!' pan oedd e'n meddwl fod yr awyrennau'n dod. Fe fydden ni i gyd yn credu'i fod e'n siarad nonsens, achos doedd y gweddill ohonon ni'n gweld na chlywed dim byd anghyffredin. Ond mewn mater o eiliadau, byddai'r awyrennau gyda ni. Shwt oedd e'n gwbod, a shwt oedd e'n wneud e, wy' ddim yn gwbod. Ond roedd e'n iawn bob tro! Fel rhyw fath o broffwyd. Diolch byth amdano fe, achos fe ddaethon ni i gyd i wrando arno fe a dibynnu arno i'n rhybuddio ni am yr ymosodiadau.

Er mai ynys Creta yw'r ynys fwya o ynysoedd Groeg, dyw hi ddim yn anferth, rhyw 160 milltir o un pen i'r llall a rhyw 35 milltir o led. Ond lle ro'n ni yng ngogledd yr ynys, roedd hi'n gallu bod yn anodd iawn cael unrhyw wybodaeth ynglŷn â beth oedd yn digwydd mewn mannau eraill. Un diwrnod, wedi rhyw wythnos o frwydro, daeth tua hanner dwsin o fois yr Awyrlu draw aton ni a gofyn, 'What are you doing here?' Wel, fan hyn o'n ni i fod, medden ni wrthyn nhw. A dyma gwestiwn syfrdanol yn dod 'nôl wrthyn nhw: 'Don't you know that we're evacuating the island?' Ond doedd neb wedi dweud dim wrthon ni, nac wrth ein swyddogion ni, chwaith. Ta beth, ymhen tipyn, fe gafodd y swyddogion gadarnhad fod hyn yn hollol wir a wedyn roedd rhaid mwstro i adael.

Mae'n debyg y byddai'n rhaid i ni anelu am dde yr ynys, a cherdded dros y mynydd a lawr. Nawr, doedd dim mapiau gyda ni o gwbwl a'r unig ffordd ro'n ni'n gwbod ble roedd y de oedd drwy anelu am yr haul. Fuon ni'n cerdded am ddiwrnodau; allen ni ddim cerdded llawer yn y dydd achos roedd awyrennau'r Almaenwyr mas yn chwilio amdanon ni. Erbyn i ni gyrraedd y porthladd roedd hi'n rhy hwyr ac roedd y llongau oedd yn cludo milwyr o'r ynys wedi mynd.

41

Un o'r rhai oedd ar ynys Creta oedd Aneurin Lewis, y bachan o'r un pentre â fi welais i'n chwilio am ei ddannedd dodi yn y môr yn yr Aifft. Fe driodd e gael lle ar long o borthladd Sfakiá, yr un peth â fi, ond fel fi, fe welodd e bod y llongau wedi gadael. Ta beth, roedd tipyn o fenter yn perthyn iddo fe achos fe gafodd afael mewn cwch bach a rhwyfo mas i'r môr ar ei ben ei hunan. Fuodd e heb ddŵr, heb fwyd, a heb gysgod am amser a llosgi'n ddifrifol yn yr haul, druan. Ond fe ffindodd un o'n llongau ni fe, a hynny jyst mewn pryd a dweud y gwir, achos roedd e bron â marw – heb air o gelwydd.

Ta beth, fe gollon ni bron i 4,000 o ddynion i gyd yn ystod y cyfnod yma ym Mrwydr Creta. Fe wnaeth bron i 1,800 o'n milwyr ni gael eu lladd yn ogystal â nifer debyg o aelodau'r llynges. Roedd hi'n frwydr gostus a gwaedlyd. Ond rwy'n credu tase digon o arfau gyda ni a chyda phobol yr ynys, na fydden ni wedi cael ein maeddu. Ond 'na ni, fel 'ny buodd hi, ac roedd e'n ddiwrnod blin iawn pan gollon ni'r dydd.

Dros bedair noson ar ddiwedd Mai 1941 cafodd oddeutu 16,000 o filwyr eu cludo ar longau'r llynges mas o borthladd Sfakiá i ddiogelwch. Ond fu 5,000 ohonon ni ddim mor lwcus. Roedd tynged wahanol yn ein haros ni.

Ar 1 Mehefin 1941 daeth swyddog aton ni i ddweud bod rhaid i ni waredu neu ddinistrio unrhyw arfau oedd gyda ni. Y rheswm am hynny oedd ein bod ni bellach yn garcharorion rhyfel. Fe ddisgynnodd tawelwch affwysol dros bob un, doedd neb yn gwbod beth i'w ddweud. Erbyn hyn roedd milwyr yr Almaen o'n cylch ni ym mhob man.

Doedd dim modd dianc. Cawson ni wbod y bydden ni'n dechrau'r daith 'nôl i'r union fan lle buon ni yng ngogledd yr ynys a hynny'r peth cynta'r bore wedyn. Ar ôl sawl diwrnod o gerdded lawr i'r porthladd yn ceisio osgoi'r Almaenwyr, roedd clywed y byddai rhaid i ni wneud yr un siwrne 'nôl yn y gwres yn dorcalonnus.

Do'n ni ddim wedi cael fawr ddim bwyd ers pythefnos siwr o fod, achos yn y fan ble ro'n ni'n cael ein cadw roedd hi'n anodd cael bwyd aton ni, ac o'n ni'n ffaelu mynd i gasglu bwyd chwaith. Dim ond *rations* o'n ni'n cael ac ychydig iawn oedd o hwnnw. Rwy'n cofio bod 'na fisgeden fawr sgwâr yn y pecyn *ration* – roedd y bisgedi'n edrych yn debyg iawn i fisgedi cŵn ac yn galed, galed hefyd. Falle byddai rhywun yn cael gafael ar dun o *corned beef* a byddai'n rhaid rhannu hwnnw wedyn rhwng tua deg ohonon ni. Doedd dim lot o fwyd yn ein boliau ni pan adawon ni, ond roedd rhaid cerdded 'nôl nawr am ogledd yr ynys. Wy' ddim yn gwbod shwt ddaethon ni i ben â hi.

Rwy'n cofio'n glir, wrth i ni gerdded drwy un pentre daeth menyw fach mas o'i thŷ a chynnig *olives* i ni. Doedd y milwyr Almaenig ddim yn fodlon ei bod hi'n gwneud hyn o gwbwl ac er nad oedd yr *olives* at 'y nant i, oedd e'n rhywbeth arbennig o garedig i'r fenyw fach 'na ei wneud, achos roedd hi'n gweld ein bod ni mewn tipyn o bicil. Ta beth, ar ôl tri diwrnod caled o gerdded o dan amgylchiadau amhleserus iawn fe gyrhaeddon ni 'nôl i ogledd yr ynys ac i Maleme.

Fuon ni'n aros mewn *aerodrome* yn Maleme wedyn. Doedd dim waliau na ffensys weiren bigog o'n cwmpas ni

na dim i'n cadw ni mewn, roedd popeth yn eitha agored.
Ond a dweud y gwir, roedd y rhan fwya ohonon ni ddaeth
'nôl i Maleme mor wael ein hiechyd, neu mor wan o ran y
corff, fel na fyddai neb yn meddwl rhyw lawer am ddianc
ar y pryd. Roedd *dysentery* arnon ni a *diarrhoea* ofnadw.
Fe fydden ni'n mynd lawr at y meddygon ond doedd dim
byd gyda nhw o ran meddyginiaeth. Wy'n eu cofio nhw'n
dweud, 'We've only got soda bic (*sodium bicarbonate*), we've
got nothing else.' Roedd hi'n sefyllfa gyfyng iawn.

Fe ges i *dysentery* yn wael. O'n i fel brwynen. Doedd
dim nerth yn 'y nghoesau na 'nghorff i o gwbwl. Ro'n i'n
meddwl mai dyma fyddai fy niwedd i. Ond rhywsut, gydag
amser fe wellais i – wy' ddim yn siwr shwt. Dim ond trwy
drugaredd Duw, wy'n credu. Un diwrnod dyma un o'r
Almaenwyr yn dod aton ni ac yn gofyn a oedd un ohonon
ni yn gallu plyfio iâr achos roedden nhw wedi dal un. A
dyma fi'n dweud y gallen i wneud hynny. Ges i dun bach
o gig gyda nhw am wneud y gwaith, ac roedd hwnnw'n
help i roi 'bach o nerth i fi. Roedd pethau bach felly'n help
mawr i gadw corff ac enaid ynghyd.

Ymhen peth amser, des i ar draws un bachan oedd
wedi cael llond bola o fod yn y gwersyll o dan reolaeth yr
Almaenwyr. 'I'm sick of this place, and I've got to get out,'
medde fe. Roedd e am ddianc!

Nawr yr ochr draw i'n gwersyll ni roedd hewl oedd yn
mynd lawr tuag at Maleme. A gan fod yr *aerodrome* lle ro'n
ni mor agored, roedd hi'n eitha rhwydd i adael, croesi'r
hewl a dianc, neu dyna o'n ni'n ei obeithio o leia. Fe fuon
ni'n gwylio'r gards oedd tu fas ac yn gweld dau neu dri o'r

rheiny'n cerdded bant. Dyma ni'n gweld ein cyfle i redeg ar draws yr hewl. Bant â ni.

Wedi dau ddiwrnod mas fe aeth y bachan oedd gyda fi'n dost iawn ac roedd e'n dweud wrtha i ei fod e'n meddwl ei fod e ar fin marw. Roedd e am i fi fynd 'nôl ag e i'r gwersyll. Beth? Ar ôl i ni ddianc? Ond doedd dim dewis gyda fi heblaw gwneud hynny mewn gwirionedd. Dyna beth oedd job, ei gario fe a'i lusgo fe 'nôl i'r gwersyll, druan. Fe welodd y milwyr ni'n dod, ond ro'n nhw'n meddwl mai milwyr yn rhoi eu hunain lan o'n ni. Es i lawr â'r bachan at y meddygon, ac roedd rhaid i fi ei adael e gyda nhw. Wy' ddim yn gwbod beth ddigwyddodd iddo fe wedyn.

Rai dyddiau ar ôl hynny ddechreuais i feddwl am ddianc 'to. Y tro hyn fe benderfynais y bydden i'n mynd ar ben fy hunan, a bant â fi. Bues i'n cerdded wedyn am ddiwrnod a rhagor a chadw bant gymaint â gallen i oddi wrth bentrefi a phobol. Ond ar ôl sbel fach roedd ishe dŵr a bwyd arna i. Wrth i fi ddod ar draws pentre bach fe fentrais i alw yn un o'r tai cynta welais i a gofyn am ddŵr a thamed i'w fwyta. Chwarae teg, fe ges i rywbeth yn syth gyda nhw. Er nad o'n nhw'n edrych fel tase llawer o ddim i'w gael gyda nhw eu hunain, ro'n nhw fodlon rhannu.

Feddylies i wedyn y bydden i'n trial aros yn y pentre am gwpwl o ddyddiau er mwyn cryfhau ychydig bach. O'n i'n synhwyro bod rhai yn y pentre rywfaint yn amheus 'mod i yno, ac fe ddeallais i wedyn wrth un ohonyn nhw bod gorchymyn wedi dod, tase un o'r pentrefwyr yn trio helpu un ohonon ni y bydden nhw mewn trwbwl. Ac fe fyddai'r gosb yn llym, doedd dim dwywaith. Ta beth, fe ddaeth dyn ata i'n dweud ei bod hi'n flin gydag e, ond ei fod e'n ofni y byddai rhaid i fi symud 'mlaen achos bod nifer o bobol y pentre yn gofidio beth allai ddigwydd iddyn nhw. Roedd gydag e ddigon o Saesneg i fi ddeall bod yn well i fi adael yn go glou er lles y bobol leol. Fe benderfynais i wedyn mai'r peth calla i'w wneud fyddai mynd 'nôl i'r gwersyll 'to, yn groes graen ofnadw. Dyna beth ddigwyddodd, ac fe lwyddais i ddychwelyd heb fawr ddim trafferth. Meddyliwch, 'nôl am yr eilwaith, o 'ngwirfodd.

Yn fuan iawn ar ôl hynny daeth cyfle i fynd mas i wneud ychydig o waith o dan oruchwyliaeth yr Almaenwyr, wrth gwrs, gan mai carcharorion rhyfel o'n ni. Byddai lori'n dod bob hyn a hyn, a falle byddai rhyw ddeg i bymtheg ohonon ni'n cael mynd arni a mynd mas wedyn i'r ardal leol i wneud gwahanol bethau. Roedd y sawl oedd yn gweithio yn cael eu bwydo, felly bant â fi.

Ond roedd e'n hen waith diflas. Roedd yr Almaenwyr wedi diodde colledion mawr yn y frwydr hefyd ac roedd rhyw 4,000 o'u dynion nhw wedi eu lladd. Y dasg oedd o'n blaenau ni oedd claddu rhai o'r milwyr hynny. Wel, ych a fi, 'na beth oedd gorchwyl! Roedd y cyrff wedi bod yno ers dyddiau lawer yn yr haul a'r gwres ac ro'n nhw wedi chwyddo, a'r arogl yn annioddefol. Ta beth, roedd rhaid torri'r beddau. Doedd dim pridd da yno fel sy gyda ni yn Nyffryn Tywi. Craig galed oedd yno ac roedd rhaid ceibo lawr. Ond doedden ni ddim yn tyrchu'n rhy ddwfn, oherwydd y cyfarwyddyd ro'n ni'n ei gael oedd y bydden nhw'n symud y cyrff eto i'w claddu nhw'n iawn.

Un bore, ro'n i ryw damed bach yn hwyr yn cyrraedd

y lori a dyma fi'n trio neidio arni. Wel, ges i gic gan un o filwyr yr Almaen nes 'mod i'n tasgu, ac roedd e'n fachan mawr ymhell dros ei chwe throedfedd. Aeth fy nghoesau i'n hollol ddiymadferth – doedd 'da fi ddim teimlad o gwbwl ynddyn nhw. Fe welodd swyddog Almaenig y milwr yn gwneud hyn, ac fe gafodd e ei gwbod hi'n ddiflewyn-ar-dafod wrth hwnnw. Fe ddywedodd y swyddog wrtha i am ddod 'nôl y diwrnod wedyn, ac fe fyddai lle i fi ar y lori. A fel 'na buodd hi. Roedd pethau fel hyn yn digwydd drwy'r amser a'r rheolau am ymddygiad a'r ffordd roedden ni wedi byw cyn y rhyfel yn cael eu chwalu'n rhacs.

Torri twll arall y diwrnod wedyn ac ro'n i wedi dod i ben â gwneud y job. Roedd bechgyn o Awstralia gyda ni ac o Seland Newydd hefyd, ac roedd siwr o fod tua ugain ohonon ni wrthi i gyd. A dyma ni'n dechrau dod mewn â'r cyrff. Daeth cwpwl o'r bois draw â chorff un o'r brodorion i'w gladdu, un o bobol Creta. Dyma un o'r milwyr Almaenig yn dweud wrthon ni yn Saesneg, 'Get that out of here!' Ro'n ni'n gegrwth.

'We don't bury dogs,' medde fe. A dyma un o'r bois o Awstralia'n dweud wrth yr Almaenwr, 'If he's a dog, you're a bloody rat!'

Wel, roedd hi bant 'na wedyn. Fe dynnodd y milwr ei ddryll o'i ysgwydd a thanio ergyd i'r awyr, a dyma ni i gyd yn gwasgaru a hanner dwsin o filwyr Almaenig yn rhedeg draw i weld beth oedd o'i le. Gofynnodd swyddog i'r milwr wnaeth danio'r ergyd pwy alwodd e'n *bloody rat*. A dyma fe'n dweud, 'Blond.' Ond wrth i'r Almaenwyr edrych rownd doedd dim un bachan â gwallt golau gyda ni; roedd y bachan oedd wedi siarad mas wedi ffoi. Ta beth, chafodd corff y dyn lleol ddim o'i gladdu. Doedd yr Almaenwyr ddim yn caniatáu hynny.

Ddim ymhell o Maleme, ar y ffordd i Chania, roedd yr Almaenwyr yn codi cofgolofn o ryw fath ac ar ei phen hi roedd eryr i fod, yr eryr Almaenig. Gethon ni fynd i weithio fan 'ny wedyn, yn cymysgu semént ac ati. Roedd un bachan yno, Moc Morgan oedd ei enw e, nid y diweddar bysgotwr. Bachan mawr a chryf iawn oedd Moc ac roedd yn aelod o'r Welch Regiment. Roedd Moc yn rhan o'r criw oedd yn cario cwdau o sement o ochr yr hewl lan i ble'r o'n ni. Roedd rhai o'r Almaenwyr yn meddwl eu bod nhw'n fechgyn caled, ac yn dweud wrthon ni garcharorion eu bod nhw lot cryfach na ni. Dyma Moc yn dod wedyn a chario cymaint â'r Almaenwyr. Ymatebodd yr Almaenwyr drwy gydio mewn dau fag yr un, un dan bob cesail a thrio'u cario nhw, ond ffaelon nhw wneud e. Aeth hi'n gystadleuaeth fawr erbyn hyn a Moc yn dod 'nôl 'to. Y tro hwn dyma fe'n dweud wrthyn nhw am roi un ar ei ysgwydd e, i fynd gyda'r ddau oedd dan ei geseiliau fe, a bant ag e. Wel, roedd yr Almaenwyr yn gorfod cydnabod wedyn fod gan Moc ryw nerth arbennig. Roedd c'n dipyn o foi yn eu golwg nhw ar ôl hynny.

Ro'n ni ymhlith y criw ola o filwyr i gael gadael yr ynys wedi'r frwydr fwy na thebyg. Yn y pen draw gethon ni gyfarwyddyd i gerdded lawr i Souda ac roedd hi siwr o fod tua wyth milltir o bellter, falle rhagor. Fe gafon ni fynd ar long yn Souda wedyn a'r top ar gau ar y llong a ni yn yr howld. Doedd hwnna ddim yn brofiad pleserus o gwbwl, rhwng y gwres a'r tawch a phopeth. Agoron nhw'r top yn y diwedd, ond wedyn unwaith ro'n ni mas ar y môr, ro'n nhw'n ei gau e 'to. Hwylion ni draw i Salonica ar y tir mawr yng Ngwlad Groeg.

O fan 'na wedyn ro'n ni'n cael ein martsio drwy dre gyfagos. Wy'n cofio bechgyn lleol yn rhoi bara i ni – bois bach ifanc o'n nhw, rhyw ddeg i ddeuddeg oed siwr o fod. Daeth menyw fach wedyn, ac roedd hithau wedi torri torth yn ddarnau i ni gael bwyta. Roedd pobol mor garedig. Y peth nesa welon ni oedd milwr Almaenig yn ei tharo hi yn ei hwyneb â bôn ei ddryll – roedd gwaed dros y lle i gyd. Yn naturiol, fe gynhyrfodd ein bois ni wrth weld y fath gasineb a hynny'n gwbwl ddiangen. Oni bai bod lot fawr o filwyr yr Almaen wedi rhuthro draw i'r fan, fe fyddai pethau wedi mynd yn gas iawn yno, does dim amheuaeth am hynny, achos roedd gweithred y milwr yn un greulon tu hwnt.

Lan â ni wedyn i hen faracs. Dim dŵr o gwbwl yno. Gadael fan 'na wedyn ymhen tri neu bedwar diwrnod a chael ein tywys lawr i'r rheilffordd. Fan 'na gawson ni ein trosglwyddo i drycs arferai gludo anifeiliaid. Roedd siwr o fod ryw ddeugain ohonon ni ymhob un o'r rhain o leia. Doedd dim lle i eistedd lawr na gorwedd na dim byd fel 'ny. Roedd yr amgylchiadau yn amhleserus ac anghyfforddus tu hwnt. Do'n ni'n gwbod dim ynglŷn â lle ro'n nhw'n bwriadu mynd â ni, na beth fyddai'n digwydd i ni. Roedd hi'n siwrne i'r tywyllwch, yn llythrennol. Ond ro'n i'n falch o un peth o leia – ro'n i'n dal yn fyw.

Bygwth Bwled

Bob hyn a hyn byddai'r trên yn stopio, i dderbyn cyflenwadau glo ac ati, siwr o fod. Wedyn fydden i'n cael bwced o ddŵr, un bwced rhwng tua deugain o bobol oedd e, mewn gwirionedd – doedd hynny'n ddim byd. Roedd hi'n dwym ac roedd y trycs 'ma'n drewi, a nifer yn teimlo'n sâl. Shwt ddaethon ni drwyddi, wy' ddim yn gwbod. Aeth tri diwrnod heibio, a wedyn fe gyrhaeddon ni le o'r enw Wolfsberg yn ne Awstria.

Cerdded mas o'r stesion. Doedd dim croeso yn ein disgwyl ni fan hyn. Pobol ar ddwy ochr i'r hewl fwy neu lai yn ein gwaradwyddo ni. Roedd hyd yn oed plant bach yn gweiddi arnon ni ac yn ein sarhau ni, ac roedd hynny'n rhywbeth torcalonnus i'w weld. Ers 1938 roedd Awstria wedi bod o dan reolaeth y Nazïaid, ac yn ystod y rhyfel roedd tua miliwn o bobol y wlad yn gwasanaethu yn y fyddin Almaenig. Heb os, roedd dwrn y Nazïaid yn dynn am ardal Wolfsberg.

Cyrraedd y gwersyll neu'r carchar wedyn – Stalag 18A oedd enw hwn. Ac roedd y lle'n union fel y byddech chi'n dychmygu y byddai carchar rhyfel. Cytiau pren ym mhob man a'r lle'n cael ei redeg gan swyddogion Nazïaidd, wrth gwrs. Roedd cannoedd o filwyr yn cael eu cadw'n gaeth yno, nid Prydeinwyr yn unig, ond bechgyn o Awstralia, Seland Newydd a Ffrainc. Ymhen peth amser daeth lot fawr o Rwsiaid yno hefyd. Roedd sawl twr gwylio wedi eu gosod ar wasgar o gwmpas y gwersyll er mwyn i'r Nazïaid weld beth oedd yn digwydd yno. Ac roedd ffensys weiren bigog uchel o gwmpas y lle i gyd i'n cadw ni mewn. Fan hyn o'ch chi'n gwbod yn iawn beth fyddai'n digwydd i chi pe baech chi'n trial dianc – doedd dim amheuaeth o gwbwl am hynny, ddim fel ar ynys Creta. Yma, fe gelech chi'ch saethu. Ro'n nhw'n gwneud hynny'n gwbwl glir o'r dechrau'n deg.

Wrth gwrs, ro'n ni'n gorfod derbyn y drefn oedd gyda nhw, neu farw. Erbyn i ni gyrraedd, roedd rhai wedi bod yno am fisoedd yn barod. Wy'n cofio fod pawb yn cael tun, ac roedd popeth ro'n ni'n ei gael wedyn o ran bwyd yn cael ei roi yn y tun bach hwnnw. Byddai pawb yn gorfod disgwyl ei dro i gael bwyd, er mai hen fwyd diflas iawn oedd e. Yn aml iawn, hen gawl tato gwan iawn, iawn, a dim blas o gwbwl iddo fe fydden ni'n ei gael, ond roedd e'n well na dim. Fe ddechreuon ni gael parseli gan y Groes Goch. Wel, dyna beth oedd bendith. Roedd pob math o bethau yn rheiny i'ch cynnal chi wedyn – bagiau te, bariau bach o siocled, pethau fel 'na. Yr unig beth nad oedd ei angen arna i oedd y sigaréts, achos do'n i ddim yn smygu, ond o'n i'n gallu trwco'r rheiny wedyn am rywbeth arall gyda charcharorion eraill.

Ta beth, roedd y ffaith ein bod ni yno yn y gwersyll neu'r carchar hwn yn y lle cynta yn mynd dan 'y nghroen i. Do'n i ddim yn nabod neb yna, ac roedd pawb yn ddieithr i fi. Roedd rhai'n galw llefydd fel Stalag 18A yn *work camps*, neu *arbeitskommandos* mewn Almaeneg. Hynny yw, math o garchar lle roeddech chi'n gorfod gwneud llafur caled ac fel arfer byddai hynny'n golygu bod yn rhaid i'r carcharorion fynd mas i weithio, mewn gweithfeydd, ffatrïoedd a ffermydd lleol a hynny dan oruchwyliaeth y Nazïaid. Ond, achos y ffordd o'n i wedi cael 'y magu yng nghefn gwlad Sir Gaerfyrddin doedd dim ofn gwaith arna i, a phan ddaeth y cyfle i gael mynd mas i weithio fe neidiais i at hwnna wedyn.

Fe aethon ni'n gynta i le bach o'r enw Knittelfeld, tref ar lan afon Mur, rhyw ddeugain milltir i'r gogledd o'r gwersyll yn Wolfsberg. Gwaith brics oedd yno, ac ro'n ni i gyd yn byw mewn tŷ lan 'na. Wel, a dweud y gwir, roedd pawb mewn un stafell yn y tŷ, rhyw bymtheg i ugain ohonon ni. Tŷ perchennog y gwaith brics oedd e, ac ro'n ni'n cysgu mewn gwelyau bync, un uwchben y llall. Bob bore am saith o'r gloch fe fydden ni dechrau'n shifft. Roedd rhai ohonon ni mas yn torri'r clai a'i lwytho mewn i'r trycs. Byddai rhai eraill tu fewn yn siapo brics i'w rhoi yn y ffwrn. Rhai wedyn yn gweithio wrth y ffwrn yn llenwi honno â glo ac ati er mwyn gwneud yn siwr bod digon o wres ynddi.

Y jobyn caleta heb os oedd trio cael y clai mas. Bois bach, byddech chi'n rhoi troed ar y bâl, ac roedd e fel tasech chi'n trio palu mewn i goncrit. Eidalwr oedd yn rhedeg y gwaith brics, boi mawr tew a bola anferth ganddo. Ac roedd hwnnw'n cwyno wedyn nad oedden ni'n gweithio hanner digon caled yn ei dyb e. Medde un o'n bechgyn ni wrtho fe, 'Drychwch, pe baen ni'n cael hanner cymaint o fwyd â chi, byddai llawer mwy o nerth gyda ni ac fe allen ni weithio dipyn caletach!' Doedd e ddim yn hapus i glywed hynny, wrth gwrs, ond roedd e'n eitha gwir.

Mewn sbel fach gafon ni afael ar dato oedd yn tyfu gerllaw. Pan wy'n dweud cael gafael, beth wy'n ei olygu mewn gwirionedd yw dwgyd y tato. Ond 'na ni, fel 'na roedd hi, roedd digon o ishe bwyd arnon ni er mwyn i ni ystyried bod dwyn y tato'n beth iawn i'w wneud. Byddai'r tato yn cael mynd i'r ffwrn frics wedyn. Byddai bachan yn eu rhoi nhw mewn ar wifren hir ac roedd 'da ni dato trwy'u crwyn wedyn, a bois bach, ro'n nhw'n flasus!

Ges i bwl o malaria tra o'n ni yn Knittelfeld ac roedd rhaid i fi aros yn y tŷ am rai dyddiau i wella. Ges i fynd i weithio yn y gegin wedyn. Tra o'n i yno, daeth merch y tŷ ata i pan o'n i'n gweithio yno a dechrau siarad Saesneg gyda fi. Mae'n debyg ei bod hi wedi treulio rhai blynyddoedd yn Llundain – roedd hi wedi bod yn edrych ar ôl plant yn llysgenhadaeth yr Almaen yn Llundain cyn y rhyfel. Chwarae teg, fe wnaeth hi roi benthyg llyfr Saesneg i fi i'w ddarllen un diwrnod. Er na chofia i beth oedd y llyfr hwnnw nawr, ro'n i'n gwerthfawrogi ei charedigrwydd hi'n fawr.

Bob nos Wener ro'n ni'n cael mynd lawr i dref Knittelfeld ei hunan. Roedd gwaith dur yn y dref ac roedd cawodydd ganddyn nhw ar gyfer y gweithwyr. Bob nos Wener ro'n ni'n cael mynd draw yno i ymolchi. Fel arfer fydden ni'n golchi'n dillad yn y cawodydd yr un pryd a dod 'nôl â nhw gyda ni wedyn. Byddai'r bachan oedd yn mynd lawr â ni i'r dre yn fodlon i ni alw yn y dafarn am un diod bach ar y ffordd 'nôl – a dim ond un diod cyflym oedd e hefyd.

Roedd e'n ein siarsio ni i beidio dweud wrth neb ei fod e'n caniatáu i ni gael un bach clou. Wrth gwrs, ro'n ni i gyd yn ddigon hapus i gadw'r gyfrinach honno.

Ymhen tipyn wedyn daeth cyfle i fynd i weithio ar safle adeiladu tai rhyw ddeugain milltir i'r gorllewin o Knittelfeld, mewn lle o'r enw Murau, ac fe gymerais i fantais o'r cynnig. Roedden ni'n cysgu mewn hen stabl yn Murau yn ymyl pont fawr oedd yn croesi'r afon yng nghanol y dre. Helpu i godi tai newydd uwchben Murau oedden ni. Pan gyrhaeddon ni'r stabl lle ro'n ni'n aros, roedd swyddogion byddin yr Almaen yno'n barod amdanon ni. Roedd un dyn lleol wedi dod yno i gwrdd â ni ac i helpu rhoi cyfarwyddiadau i ni siwr o fod, achos roedd e'n siarad Saesneg – rwy'n credu mai maer y dre oedd e. Ta beth, roedd e'n ddigon croesawgar, chwarae teg. Ond pan oedd e'n siarad ro'n ni'n clywed un o'r swyddogion Nazïaidd yn dweud rhywbeth yn y cefndir. Dyma un o'n bois ni yn gofyn i'r dyn oedd yn siarad Saesneg beth roedd y swyddog newydd ei ddweud. Roedd yr ateb yn ddigon i sobri unrhyw un, 'He's just saying that if you try to escape you will be shot.'

Wrth i'r swyddog adael fe waeddodd un o'n bechgyn ni ar ei ôl, 'I hope you drop dead, you old bugger!' Dwi ddim yn credu ei fod e wedi deall beth ddywedodd y bachan, ond yr hyn oedd yn anhygoel oedd i ni glywed, ddim ond diwrnod yn ddiweddarach, fod y swyddog 'ma fu'n bytheirio arnon ni wedi cwympo'n farw. Er nad o'n ni wedi cael llawer i'w wneud â'r dyn, roedd clywed y newyddion hynny yn hala rhyw ias oer lawr yr asgwrn cefn. Er ei bod hi'n gyfnod o ryfel, fyddai dim un ohonon ni fel carcharorion wedi dymuno i'r swyddog ddiodde diwedd mor ddisymwth â hynny. Roedd pob un yn dawel, yn fud.

Tra o'n ni yn Murau ro'n ni'n cael bwyd gyda bwtsiwr yn y pentre. Y drefn oedd ein bod ni'n gorfod mynd i gasglu bwyd wrtho fe bob nos. Pan o'n ni'n mynd lan yno, byddai rhywun yn cael siawns i siarad â phobol, a thrwy hynny ddechreuais i bigo lan rhyw damed bach o Almaeneg. O dipyn i beth roedd rhywun yn gallu dod i ddeall a dysgu siarad mwy. Fe fuodd y bwtsiwr a'i deulu'n garedig iawn wrthon ni, chwarae teg. Ro'n nhw'n trio'u gorau i'n bwydo ni cystal ag y gallen nhw.

O fewn ychydig amser i ni fod yn Murau'n gweithio ar y tai fe ddaeth cynnig i rai ohonon ni fynd i weithio ar gynllun creu trydan trwy ddefnyddio dŵr – yr *hydroelectric station* – oedd gyda nhw yn y dre. Fe wirfoddolodd tri ohonon ni'n syth – Dougie Arthur o Lerpwl (rwy'n dal i fod mewn cysylltiad â Dougie), Geoff Hallett o ardal Caerdydd, a fi. Ein gwaith ni oedd gwneud yn siwr mai dim ond dŵr glân oedd yn mynd lawr at y tyrbeini, ac roedd rhaid i ni ddefnyddio rhacanau mawr hir i dynnu unrhyw gerrig, coed, brigau ac ati mas o'r dŵr. Ond roedd hi mor oer, roedd rhaid gofalu fod gyda ni rywbeth oddeutu'n dwylo, neu fel arall fe fyddai'r dwylo'n rhewi wrth goes y rhaca. Fe ddigwyddodd hynny i Geoff, druan, ac roedd e'n beth poenus tu hwnt achos roedd ei law e'n hollol sownd yn y rhaca. Wedi'r profiad poenus hwnnw ro'n ni wastad yn gwneud yn siwr fod tamed o glwtyn neu ddarn o hen sach am ein dwylo ni wrth wneud y gwaith.

Fe fyddai'r afon yn rhewi'n galed a throedfedd o drwch

o iâ ar draws yr afon. Wrth fod hynny'n digwydd doedd dim digon o ddŵr yn dod lawr y dyffryn wedyn. Felly, beth roedd Herr Moshammer – y dyn oedd yn gofalu amdanon ni yn y gwaith – yn ei wneud, oedd gwneud tyllau bach yn y rhew a gosod deinameit ynddyn nhw, er mwyn ffrwydro'r iâ yn ddarnau. Wrth gwrs, roedd y dŵr yn dechrau llifo wedyn, ond bryd hynny roedd yn rhaid i ni weithio'n galed i wneud yn siwr mai dim ond dŵr glân, heb unrhyw ddarnau, oedd yn mynd lawr tuag at y tyrbein. Ond chwarae teg, roedd yr hen Franz Moshammer yn dda gyda ni ac yn berson teg iawn. Dyn lleol oedd Franz a doedd e ddim yn rhan o'r fyddin Almaenig o gwbwl.

Wy'n cofio, ro'n i'n cael bariau bach o siocled yn y pecynnau gan y Groes Goch ac fe fydden i'n torri tamed bach o hwnnw wedyn i'w roi i Moshammer iddo fe fynd adre i'w blant. A byddai rhywbeth yn dod 'nôl wedyn wrtho fe a'i deulu yn lle'r siocled hwnnw. A fel 'na roedd hi, ro'n ni'n ei barchu fe ac roedd e'n ein parchu ni, chwarae teg iddo fe. Unwaith, fuodd e'n ein dysgu ni i sgio, a gethon ni lot o sbort gyda hynny.

Yn nes ymlaen daeth dyn o'r enw Herr Ferdinand Zeiper yn bennaeth ar y gwaith. Roedd e siwr o fod yn ei dridegau ar y pryd; doedd e ddim wedi mynd i ryfel a dwi ddim yn gwbod pam. Ferdinand Zeiper oedd yn gyfrifol am gyflenwi'r gwasanaeth trydan i ardal Murau. Fuodd e'n dda iawn i ni garcharorion, chwarae teg, roedd e bob amser yn gofalu nad o'n ni'n cael cam. Ro'n ni'n amlwg yn gorfod gweithio'n galed, ond doedd e byth yn afresymol yn yr hyn roedd e'n gofyn i ni ei wneud ac roedd e wastad yn gwneud yn siwr ein bod ni'n cael aros am saib bob hyn a hyn. Dyn tawel oedd e, ond roedd ganddo ryw awdurdod cadarn a chryf, ac roedd pawb yn ei barchu. Roedd cael rhywun oedd yn ein trin ni'n deg i'n goruchwylio ni yn gwneud gwahaniaeth o ran ein hysbryd a'n hwyliau ni, achos roedd pawb yn gwbod bod yn rhaid gweithio'n galed ond bod ychydig o garedigrwydd yn mynd yn bell.

Tu fas i'r gwaith, rwy'n cofio dyn lleol arall yn Murau yn gofyn i fi rhyw ddiwrnod a o'n i wedi lladd mochyn erioed. Fe ddywedais i 'mod i, ac fe ofynnodd e a allen i ei helpu fe. Popeth yn iawn, meddwn i. Felly un noswaith fe gethon ni afael yn yr hen fochyn, ac wedi i ni ei ladd e, fe wnaeth y dyn ei hongian a'i ben i waered wedi i ni hollti ei wddwg. Roedd gydag e stên i ddal y gwaed oedd yn llifo mas o'r mochyn, ac o fewn dim roedd y stên yn llawn. Ta beth, rai diwrnodau wedyn fe ddaeth e ata i a gofyn os o'n i am gael *blutwurst* sef selsig wedi ei wneud o gig a gwaed mochyn. Do'n i ddim yn rhy siwr ar y dechrau am nad o'n i wedi ei flasu e erioed o'r blaen, ond mae'n rhaid i fi ddweud 'mod i wedi ei fwynhau e ac roedd y dyn 'ma'n amlwg am roi rhywbeth i fi am ei helpu fe i ladd y mochyn. Ond rwy' wedi meddwl sawl gwaith wedyn y byddai e siwr o fod wedi dod i drwbwl mawr pe bai'r swyddogion Nazïaidd wedi dod i wbod bod dyn lleol fel fe yn cyfeillachu gydag un o'r carcharorion rhyfel, y gelyn.

Felly, er ei fod e'n gyfnod anodd iawn ar y cyfan, ro'n ni'n dod ar draws pobol oedd yn deg a charedig iawn yn y ffordd ro'n nhw'n delio â ni. Pobol gyffredin oedden nhw, pobol nad oedden nhw'n rhan o unrhyw fyddin – ac roedd hynny'n help i wneud bywyd dipyn bach yn rhwyddach.

Profiadau Gwaith

Erbyn i ni gyrraedd Stadl an der Mur ro'n i'n gwneud gwaith hollol wahanol. Gwaith yn y goedwig oedd yn ein hwynebu ni nawr. Roedd yn rhaid i ni fynd lan ar hyd afon Mur am rai milltiroedd, tua deng milltir o Murau, siwr o fod. O'n i'n teithio ar hyd hewl gart i fan lle roedd pobol yn hela. Roedd rhyw fath o *hunting lodge* yno a lle i'r person oedd yn gofalu am y ceffylau i aros. Roedd cegin yn y *lodge* a lle i'r fenyw fyddai'n gofalu am y gegin i aros hefyd. Roedd dwy ystafell wely arall yno'n ogystal ac ystafell fyw. Rwy'n siwr ei fod e'n lle eitha moethus ar gyfer pobol gyfoethog oedd a'u bryd ar hela. Ond wrth gwrs, erbyn hyn, roedd hi'n gyfnod o ryfel a'r *lodge* yma bellach oedd ein cartre ni fel carcharorion tra o'n ni'n gweithio yn y goedwig.

Ro'n ni'n cysgu yn y stablau, mewn gwelyau bync. Roedd hen stof fawr yno a choed yn honno a byddai'n rhoi gwres i'r lle i gyd. Byddai'n rhaid i ni dorri'r coed tân ein hunain, ac ro'n ni'n gwneud yr un peth ar gyfer cyflenwad y swyddogion oedd yn ein gwarchod ni ac ar gyfer y rheiny oedd yn y gegin.

Ro'n ni'n cael ein dysgu i gwympo coed, i dorri brigau, i dorri rhisgl ac i drin y pren. O'n i i fod i lifo'r coed i feintiau tair llath o hyd ac ro'n i'n naddu blaen bob darn o bren.

Roedd yr afon wedi rhewi, ond fe fydden nhw'n gosod y llwyth pren ar yr afon mewn ffordd arbennig. Unwaith i'r iâ doddi fe fyddai'r llwyth yn teithio gyda llif yr afon i lawr y dyffryn, yna wedi cyrraedd gwaelod y dyffryn, ro'n nhw'n cael eu dosbarthu i wahanol fannau.

Wy'n cofio, roedd 'na ambell fan yn y goedwig lle roedd ffensys uchel i gadw'r ceirw mewn. Ar hyd y ffordd hefyd roedd mannau lle ro'n nhw'n bwydo'r ceirw, llociau bach o'n nhw. Un diwrnod fe welais i ewig fach ifanc lan yno, ac fe ddalies i hi. Es i 'nôl â hi gyda fi i ddangos i'r bois, ac roedd rhai ohonyn nhw'n meddwl, 'Gewn ni damed bach o gig nawr 'te.' Ond doedd y dyn lleol oedd yn goruchwylio'n gwaith ni ddim yn fodlon ar hynny o gwbwl, ac fe gafodd yr hen ewig fach fynd 'nôl yn saff i'r gwyllt.

Tra o'n i lan yn Stadl, fe gafodd un o'n bois ni ei daro'n wael iawn. Ken oedd ei enw fe ac roedd e'n sâl dros ben gyda gwres uchel iawn. Trwy drugaredd digwydd i rywun ddod heibio ar gefn ceffyl, roedd e'n feddyg mwya'r syndod. Roedd y meddyg mewn tipyn o oedran neu o leia roedd e'n edrych yn hen i fi oedd yn llanc ifanc yn fy ugeiniau cynnar.

Daeth y meddyg i edrych ar Ken ac fe gafon ni gyfarwyddyd gan y meddyg i roi blanced amdano a dod mas ag e at yr afon. Wel y mowredd, roedd yr afon wedi rhewi mewn mannau a'r gwynt yn cydio'n ofnadw. Dyma fe'n dweud wrthon ni am roi Ken mewn yn y dŵr. Roedd pawb yn sicr y byddai'r dŵr oer yn siwr o'i ladd e. Fe fuodd Ken yn y dŵr am rai eiliadau cyn bod yr hen feddyg bach yn dweud wrthon ni am ei godi e mas. 'Nôl ag e i'r gwely wedyn, gyda gorchymyn i ni roi cymaint o ddillad ag y gallen ni drosto fe. Ta beth, ymhen peth amser, fe wellodd Ken yn llwyr. Beth oedd y gyfrinach? Wy' ddim yn gwbod, ond fe weithiodd e.

Roedd weiren uchel reit o gwmpas y fan lle ro'n ni'n cael ein cadw a doedd dim lot o obaith dianc. Ond yn agos at ein gwersyll ni roedd dyn lleol, hen foi bach, yn gwneud golosg. Un diwrnod fe ddywedodd y gard wrtha i bod angen i fi fynd i nôl peth golosg oddi wrth y dyn. Es i draw ato a dechreuon ni siarad, er, do'n i'n deall fawr ddim o'r hyn roedd e'n ei ddweud. Ta beth, dyma fe'n mynd mewn i'w sied a dod mas ymhen rhai eiliadau a photel fach yn ei law. Fe ddywedodd wrtha i wedyn mai'r stwff oedd yn y botel oedd yr hyn oedd yn dod mas o'r coed pan oedd e'n gwneud y golosg. Medde fe wrtha i, 'Trïwch ddiferyn.' Wel, argol Dafydd! Fuodd e bytu chwythu 'mhen i bant!

'Cerwch â photel 'nôl gyda chi,' medde fe wrtha i. Y noswaith honno a phawb 'nôl o'r goedwig ac yn ddiogel yn y stabl, dyma fi'n dangos i'r bechgyn eraill beth o'n i wedi ei gael gan y bachan. Roedd pawb yn awyddus i drial rhyw lymed bach. Ond, diawch, dim ond twtsh o'n nhw'n moyn, roedd llwnc yn hen ddigon iddyn nhw i gyd. Roedd e'n gythreulig o gryf! Flasais i ddim byd tebyg cynt na wedi hynny chwaith.

Yn Stadl an der Mur roedd un llecyn agored, hynny yw cae agored, ar lethr. Wy'n cofio pan o'n i'n yr ysgol pan fyddai llethr yn rhewi fydden ni'n cael darn o bren, rhoi hwnnw rhwng ein coesau a llithro'n wyllt fel ffyliaid lawr y llethr am y cynta. Un diwrnod wrth ddod 'nôl o weithio'n y goedwig fe benderfynais i drial hyn yn Stadl an der Mur.

Roedd 'na lathed o eira ar lawr, siwr o fod, felly o'n i'n eitha sicr na fydden i'n cael dolur achos roedd digon o drwch yno. Wel, pan welodd y bechgyn eraill fi'n gwneud hyn, fe ddechreuon nhw wneud yr un peth a fuon ni'n raso'n gilydd, yn cwympo a chwerthin am yn ail. Rhyw hwyl diniwed oedd e, ond roedd hi'n neis cael tamed bach o sbort mewn amgylchiadau anodd.

Bryd hynny fe ddechreuais i feddwl am ddianc eto, dianc allan o olwg y Nazïaid. Ro'n ni wedi cael llond bola ar orfod dilyn eu trefn nhw a gorfod ufuddhau iddyn nhw bob munud o'r dydd. Ro'n i'n meddwl y gallwn i gerdded drwy'r goedwig, dros y mynyddoedd a chyrraedd y Swistir. Dyma fi'n dechrau siarad ag un o'r coedwigwyr lleol a rhyw ofyn iddo'n hamddenol pa mor bell oedd y Swistir.

'O, 'y machgen glân i,' medde fe. 'Gerddech chi fyth i'r Swistir o'r fan hyn. Fyddech chi ar goll yn y coed 'na glatsh. Fyddai dim gobaith gyda chi.' Rhaid cyfadde, roedd ei glywed e'n dweud hynny yn gwneud i rywun feddwl nad oedd dianc yn mynd i fod mor hawdd ag ro'n i wedi ei feddwl, ond doedd clywed hynny ddim am wneud i fi newid fy meddwl chwaith.

Un peth nad oedd modd i fi ddianc wrtho fe oedd y malaria, wrth gwrs. Roedd yr hen salwch yn dod 'nôl o dro i dro oherwydd dyna beth yw natur y peth. Fe fydden i'n cael adegau pan fydden i'n gorfod aros yn y caban am ddiwrnod neu ddau i wella. Wy'n cofio ar un o'r adegau hynny, dim ond fi oedd yn y caban. Roedd y gards i gyd wedi mynd lan i'r goedwig i ofalu am y bois tra o'n nhw'n gweithio, a doedd y fenyw oedd yn gweithio yn y gegin ddim o gwmpas chwaith. Dyma fi'n manteisio ar y sefyllfa a chael cyfle i edrych o gwmpas. Ro'n i'n gwbod fod dowlad uwchben y stabl, ac ro'n i eisoes wedi gweld bod ysgol tu fas i'r stabl i fynd lan i'r dowlad. Wel, dyma fi'n mynd mas a lan i'r dowlad. Beth oedd gyda nhw yno oedd lle i adael i'r gwair a'r gwellt fynd lawr i'r stabl. Roedd agoriad yno a phren uwchben yr agoriad fel bollt, bron a bod, oedd yn sicrhau na fyddai neb byth yn ei agor e o'r gwaelod. Wel, fe dynnes i'r pren o 'na er mwyn gweld a oedd e'n agor, ac fe oedd e. Iawn, roedd hyn yn newyddion da iawn. Ro'n i newydd ddod o hyd i fan lle gallen i gychwyn ar 'y nhaith i ddianc.

Soniais i ddim byd wrth neb. Fe sylwodd y bachan oedd yn cysgu o dan yr agoriad bod darnau o wellt wedi cwympo ar ben ei wely fe, ond wnes i ddim ymateb o gwbwl. Dyna i gyd fuodd am hynny.

O dipyn i beth fe ddechreuais i baratoi i ddianc, achos ro'n i ishe rhyddid. Ond os o'n i'n mynd i adael, roedd yn rhaid i fi ddweud wrth y bechgyn oedd yn cysgu'n y gwelyau o dan yr agoriad. Ro'n nhw'n trio dwyn perswâd arna i i beidio â dianc, nad oedd e'n werth y risg.

Ta beth, ro'n i'n benderfynol o drio ffoi. Ond un bore yn hollol ddisymwth, cyhoeddodd y swyddogion ei bod hi'n bryd i ni gael popeth at ei gilydd ac y bydden ni i gyd yn gadael ac yn cael ein symud o Stadl an der Mur, a lan â ni i ardal tref Tamsweg, rhyw ddeuddeg milltir bant. Roedd sawl un yn eitha hapus i gael bach o newid byd 'to. Ond i fi, wel, ro'n i wedi colli cyfle da i ddianc, on'd o'n i?

Roedd y *lager*, sef y gair Almaeneg am wersyll, wedi ei

baratoi'n arbennig i ni yn y fan honno, gyda ffensys weiren bigog uchel reit rownd i'r lle. Tra o'n i yno fe ddaeth yr haf, a daeth gorchymyn i ni fynd i weithio ar y gwair. Roedd y gards yn dod gyda ni, wrth gwrs, ond dau hen foi bach oedd yn goruchwylio'r gwaith o ladd gwair. Ac ro'n nhw'n dangos i ni lle ro'n nhw am i ni weithio, mewn cae ar lethr wrth droed mynydd. Ro'n ni'n gorfod defnyddio pladur i wneud y gwaith. Fel bachan o gefn gwlad ro'n i wedi defnyddio pladur o'r blaen, wrth gwrs, ond mae rhywfaint o grefft i'w defnyddio ac fe gymerodd rhai o'r bechgyn beth amser i ddod yn gyfarwydd â hi. Chwarae teg, fe ddaethon nhw i ben â hi'n eitha da. Wedyn fe ddaeth hi'n amser i gywain y gwair, ac roedd y tŷ gwair reit ar waelod y llethr. Fe wnaeth ein bois ni foelyd y cyfan yn un belen fawr a'i rhowlio hi mewn i'r tŷ gwair. Fe ddaethon ni i ben â'r gwaith o fewn dim amser. Er bod y rhan fwya o'r bechgyn yn ddibrofiad o ran gweithio ar y gwair, fe nethon nhw ffermwyr digon deche.

Lan ar y mynydd wedyn roedd llysi duon bach yn tyfu a dyma fi'n dechrau eu casglu nhw. Wel, doedd y rhan fwya o'n bechgyn ni ddim wedi gweld y fath beth erioed o'r blaen, ac o'n nhw'n meddwl beth yn y byd o'n ni'n mynd i'w wneud â nhw. Fe wedes i wrthyn nhw y gallen ni eu bwyta nhw. O'n nhw'n ffaelu credu'u clustiau, falle gelen ni'n gwenwyno. Bydden ni'n cael bob o dun i yfed ein te mas ohono fe, ac fe gafodd Geoff Hallett, y bachan o Gaerdydd, a finne syniad – dyma ni'n llenwi'r rheiny gyda'r llysi duon bach. Wedi i ni eu casglu nhw feddyliodd Geoff y byddai e'n syniad da i wneud rhyw fath o stiw neu gawl

gyda nhw. A dyma rywun arall yn dweud y gallen ni wneud
tarten gyda nhw. Ond shwt o'n ni am wneud y toes, wy'
ddim yn gwbod. Ta beth, fe wnaethon ni roi'r gymysgedd
yn y ffwrn a rhoi ryw bethau eraill mewn gyda'r llysi. Ond
doedd dim siwgr na dim fel 'na gyda ni ac a dweud y gwir,
doedd dim rhyw flas sbeshal iddo fe. 'Take that bloody
thing out and don't make it again,' oedd ymateb un o'r bois
oedd yn fwy ffysi na'r lleill. Ond wir, fe ddaeth rhai o'r
bois i'w bwyta nhw wrth eu pigo nhw mas o'r gymysgedd
er ei bod hi'n deg dweud falle mai *acquired taste* o'n nhw,
fel byddai'r Sais yn dweud. Ond mae'n syndod beth fytwch
i pan mae ishe bwyd arnoch chi.

Pan o'n ni yn Tamsweg daeth tri neu bedwar o fois o
Seland Newydd aton ni. Roedd un o'r rheiny yn gallu torri
gwallt, a diolch byth am hynny, achos roedd tipyn o olwg
ar wallt sawl un ohonon ni erbyn hynny. Ac un diwrnod
dyma'r barbwr yn gofyn i fi, 'Where do you come from?'

'I'm from Wales,' medde fi yn falch reit.

Mae'n debyg fod y bois o Seland Newydd wedi bod yn
gweithio mewn pwll glo yn Awstria fel carcharorion rhyfel.
Fe wedodd y barbwr wrtha i, 'We had a Welshman working
with us in the mine.'

'Oh, there's quite a few of us about the place,' medde fi,
heb feddwl lot ymhellach.

'Well, this guy could really sing,' medde'r barbwr. 'He
had a great voice.'

'Do you remember his name?'

'Yes,' medde fe. 'His name was Enoch. Wally Enoch.'

'Good God!' oedd yr ymateb wrtha i. 'Wally Enoch

lives less than five miles from me at home!' Roedd Wally'n byw ym Mhontargothi ac roedd e'n dipyn o giamster ar y caneuon modern ar y pryd ond hyd yn oed wedyn, roedd clywed am ei gampau cerddorol e mas yn Awstria gan foi o Seland Newydd yn dipyn o syndod.

Roedd un arall o fois Seland Newydd oedd yn garcharor yn Tamsweg yn dipyn o gymeriad hefyd. Coedwigwr oedd e wrth ei waith cyn y rhyfel. Wy'n ei gofio fe'n dangos ei law i ni ac roedd tri bys gydag e wedi'u torri bant. 'How did that happen?' medde fi.

'Well, we've got this game in New Zealand,' medde'r coedwigwr. 'You put your hand out flat on a piece of wood. You open your fingers out as much as you can. And then someone comes with an axe and goes bang, bang, bang, bang, between each of the fingers without stopping.'

'Well, he got you,' medde fi.

'Oh, no, that was my fault,' medde'r coedwigwr. 'I lost my nerve and moved my hand!'

Ac fe ofynnodd e i fi a o'n i am iddo fe ddangos i fi shwt oedd gwneud hyn. 'No thanks,' medde fi fel bwled. Wel, o'n i yn eitha hoff o 'mysedd i.

'No, I don't mean using your hand,' medde fe. 'There's another way.'

Fe dynnodd e lun llaw ar bishyn o bren a gafael mewn bwyell a'i tharo hi'n gelfydd rhwng pob un o'r bysedd ar y llun heb gyffwrdd â'r un bys. Roedd e'n anhygoel i weld pa mor feistrolgar oedd e, chwarae teg, ond ro'n i'n falch mai defnyddio'r pishyn pren wnaeth e ac nid fy llaw i.

Ar fyr rybudd eto, fe gafon ni'n symud o Tamsweg i

le o'r enw Kaltwasser, oedd yn eitha agos i Stadl an der
Mur, lle roedden ni wedi bod am beth amser. Pan o'n i
yn Kaltwasser fe gafodd y fenyw oedd yn gweithio yn
y gegin ddolur a daeth rhywun arall i gymryd ei lle hi.
Menyw arall, ond, wel, roedd hi bron â bod yn ddyn o
ran ei golwg – roedd hi'n wrywaidd ei ffordd, ei hosgo
a'i maint. Allen i byth â mentro edrych yn rhyfedd arni
mewn unrhyw ffordd neu fydden i'n cael ei gwbod hi. Yn
wir, roedd cwpwl o'r bois yn galw *old cow* arni achos bod
ganddi ffordd mor sarrug. Un diwrnod, dyma hi'n dod ata
i ac yn gofyn mewn Almaeneg, 'Gwed wrtha i, beth yw'r
gair *owld-caw* yma?' A dyma fi'n meddwl bod yn well i
fi watsho beth wy'n ddweud nawr a bod yn ofalus iawn,
iawn, neu fe fydda i mewn dyfroedd dyfnion fan hyn.

Felly ar ôl oedi, fe ddywedais i, 'O, os y'ch chi'n meddwl
lot o rywun, ac os y'ch chi'n meddwl bod rhywun yn
berson ffein iawn ry'ch chi'n cyfeirio atyn nhw fel *old cow.*'
Dyma hi'n derbyn hynny, a bant â hi, ac o'n i'n meddwl
fod popeth yn iawn a 'mod i wedi arbed fy nghroen i.
Wel, mewn rhyw wythnos wedyn dyma hi'n rhuthro ata
i a golwg gas ofnadw ar ei hwyneb. Ac mewn Almaeneg
eto, dyma hi'n bytheirio. '*Old cow*,' medde hi. '*Old cow*!
Mae hwnna'n golygu "buwch". Chi'n galw fi'n hen fuwch,'
medde hi'n llawn dicter. Wel, yn bendant roedd rhaid i
fi feddwl ar fy nhraed wedyn, ac fe ddywedais i wrthi,
'Clywch nawr. Ry'ch chi, fel fi, yn berson cefn gwlad. A
chi'n gwbod fel mae yng nghefn gwlad. 'Nôl gartre, os oes
rhywbeth da gyda ni i'w ddweud am rywun sy'n annwyl i
ni, ry'n ni'n dweud *old cow*. Ymadrodd bach annwyl yw e.'

'O, reit ... iawn ... O, 'na beth y'ch chi'n ei feddwl, ife? Reit ... Do'n i ddim wedi deall 'na,' medde hi. Ac fe ddes i mas o'r twll 'na rhywsut. Dyna beth oedd rhyddhad! Yn Kaltwasser ro'n i'n cael *inspections* bob hyn a hyn. Achos 'mod i'n siarad rhywfaint o Almaeneg roedd y swyddog oedd yn gwneud yr archwilio wedi dweud wrtha i bod rhaid i fi gyfieithu beth roedd e'n ei ddweud wrth y bechgyn eraill. Wel, bois bach, dyna beth oedd job. Doedd dim syniad gyda fi beth roedd y swyddog yn ei ddweud achos roedd e'n siarad mor glou, ac roedd yr iaith roedd e'n ei defnyddio'n lot rhy ddwfn i fi. Do'n i ddim yn gwbod beth i'w wneud, felly i bob pwrpas, beth o'n i'n ei wneud oedd dyfeisio rhyw stori fach i'w dweud yn Saesneg. Fe ddywedais i rywbeth doniol, yn lle yr hyn ddylen i'i ddweud, ac fe chwerthinodd un o'r bois mas yn uchel. Wel, os do fe! Fe dynnodd y swyddog ei ddryll mas ac roedd golwg wyllt arno fe a'i wyneb e'n goch i gyd. A dyma'r Sarjant yn gweiddi, 'Na, na, na!' O'n i'n meddwl fod y cyfan ar ben arna i. Fe ddywedais i'n sydyn reit, 'Chwerthin ar fy mhen *i* maen nhw, nid chi, achos nad ydw i'n cyfieithu'n iawn.' A diolch byth, fe dderbyniodd y swyddog hynny a ddaethon ni bant â hi. Ond fuodd y boi o Seland Newydd wnaeth chwerthin jyst â'i chael hi, druan.

Yn y cyfnod 'ma wedyn do'n i ddim yn clywed gair o Gymraeg. Er bod Cymry gyda ni yn y Royal Artillery ac yn lot fawr o'r catrodau eraill, doedd y rhai ddes i ar eu traws nhw ddim yn siarad Cymraeg. O'n i wir yn gofidio y bydden i'n colli'r iaith, neu y byddai hi'n dirywio o leia am nad o'n i'n cael cyfle i'w defnyddio hi. Beth o'n i'n ei wneud bob hyn a hyn oedd trial cofio beth o'n i wedi ei ddysgu yn yr ysgol. Tamed bach o farddoniaeth Ceiriog neu Eifion Wyn, a rhyw bethau bach fel 'na. O'n i'n trial dwyn i gof hefyd beth o'n i wedi ei ddysgu yn yr ysgol Sul. Yr hyn o'n i'n trio ei adrodd amlaf i'n hunan oedd y Drydedd Salm Ar Hugain, 'Yr Arglwydd yw fy mugail ...' Yn aml iawn byddai'r bois yn dweud wrtha i, 'Taff, you're talking to yourself again.' Ond rwy'n credu'n bendant fod gwneud hynny wedi bod yn help mawr i fi gadw'r iaith ar 'y nghof a'i chadw yn ystod y rhyfel.

Wedi rhai wythnosau fe gawson ni'n symud o Kaltwasser hefyd. Sankt Lambrecht, ryw ugain milltir i'r dwyrain, oedd ein cartre nesa ni. Hen abaty oedd Sankt Lambrecht, lle trawiadol iawn, gafodd ei adeiladu ar gyfer mynachod Benedictaidd yn yr unfed ganrif ar ddeg. Ond roedd y mynachod wedi hen adael a'r Nazïaid oedd yn rheoli erbyn i ni gyrraedd yno. Er bod yr abaty'n adeilad oedd yn hardd i'r llygad, doedd dim llawer o foethusrwydd yno a chysgu mewn stafell oer ac anghyfforddus roedden ni.

Un o'n prif dasgau ni oedd gweithio yn y caeau tato gerllaw, a doedd dim lot o siâp ar ein bois ni'n gwneud y gwaith hynny os ydw i'n onest. Ond fues i ddim yn Sankt Lambrecht yn hir iawn. Daeth pwl arall o malaria drosta i a fues i'n eitha sâl, roeddwn i'n mynd yn wan iawn. Penderfynodd un o'r prif swyddogion Almaenig nad o'n i'n ddigon iach i fod mas yn gweithio gyda gweddill y criw. Doedd dim dewis wedyn, felly, ond mynd 'nôl i Wolfsberg ac i Stalag 18A.

Creulondeb y Stalag

Roedd rhyw dawch yn hofran o gwmpas Stalag 18A. Wy'
ddim yn siwr beth yn union oedd e, ond doedd e ddim yn
arogl pleserus o gwbwl. O'i gymharu â bywyd yn y Stalag,
ro'n ni wedi cael rhyw flwyddyn neu ragor o gael ein trin
yn weddol ar y cyfan. Pan o'n ni mas ar ein gwahanol
leoliadau, roedd y gwaith yn galed a'r oriau'n hir, wrth
gwrs, ond o leia ro'n ni'n cael ymarfer corff ac awyr iach
er ein bod ni'n gaeth ac o dan oruchwyliaeth y Nazïaid.
Roedd yr holl awyrgylch yn y Stalag yn wahanol iawn.

Enw byr am Stammlager yw Stalag – ac ystyr Stammlager
yw gwersyll ar gyfer carcharorion rhyfel nad ydyn nhw'n
swyddogion hynny yw, milwyr cyffredin. Byddai pob
carcharor yn y Stalag yn cael rhif arbennig – rhif fyddai'n
aros gydag e weddill y rhyfel. Rwy'n cofio'n rhif carcharor
i o hyd – **5382**.

Wrth gwrs, ro'n i wedi cael mynd 'nôl i'r Stalag achos
'mod i'n diodde o malaria a ddim yn cael fy ystyried yn
ddigon iach ar y pryd i ymgymryd â gwaith caled. Er 'mod
i'n cysgu mewn stafell oer a digroeso yn yr hen abaty yn
Sankt Lambrecht, roedd Stalag 18A hefyd ymhell o fod
yn hafan o foethusrwydd. Cysgu mewn cytiau oedden ni
yn Wolfsberg, ac roedd siwr o fod cwpwl o gannoedd o

Brydeinwyr yno'r un pryd â fi. Gwelyau bync oedd gyda ni a hen sachau wedi eu llenwi â gwellt oedd yn gwneud matresi digon anghyfforddus. Roedd gan bawb un flanced yr un. Ar ben hynny, roedd y bwyd yn ddiflas a doedd dim llawer ohono fe. Digon prin hefyd oedd unrhyw gyfleusterau ar gyfer ymolchi a thai bach a rhyw bethau fel 'na. Ond fe wydden ni fod rhai carcharorion yn cael bywyd llawer gwaeth na ni.

Erbyn i fi fynd 'nôl i'r Stalag roedd hi siwr o fod yn nesáu at ddiwedd 1942, ac roedd cannoedd o Rwsiaid yno erbyn hynny. Doedd Rwsia ddim yn un o'r gwledydd oedd yn rhan o gytundeb y *Geneva Convention*, a doedd dim hawl gyda'r carcharorion Rwsiaidd i dderbyn parseli'r Groes Goch o'r herwydd. Wel, roedd y parseli hynny'n gymaint o help i ni, achos o leia roedd gyda chi'r tuniau cig a physgod, bariau siocled a bagiau te a rhyw bethau felly yn y parseli ac roedd rhyw flas a maeth yn y pethau hynny, yn wahanol i'r hen fwyd afiach ro'n ni'n ein gael yn y Stalag.

Roedd y Rwsiaid yn cael eu trin yn ofnadw o wael. A dweud y gwir, ro'n nhw'n cael eu trin yn waeth nag unrhyw greadur – dyna beth oedd creulondeb. Byddai'r Rwsiaid yn cael eu cadw ar wahân i bawb arall a bois bach, roedd golwg arnyn nhw. Ro'n nhw'n edrych yn druenus. Iechyd y byd! Ro'n nhw denau, denau. A dweud y gwir, wy' ddim yn siwr a oedd digon o le gyda nhw i orwedd lawr hyd yn oed. Ro'n nhw yn eu carpiau a dim byd am eu traed, a do'n nhw'n cael braidd dim bwyd. Fe fydden ni'n eu gweld nhw wrth y ffensys neu'r weiren bigog oedd yn ein gwahanu ni a nhw, a byddai'n bois ni'n towlu ychydig bach o fwyd iddyn nhw – darnau o fara a rhyw bethau fel 'na. Wrth gwrs, do'n ni ddim i fod i wneud hynny, ac roedd y Nazïaid yn trial ein hatal ni rhag gwneud ond ro'n ni i gyd yn teimlo cymaint o drueni drostyn nhw.

A beth oedd yn arbennig o drist i'w weld wedyn oedd pan fydden ni'n towlu bwyd atyn nhw, fe fyddai'r Rwsiaid ar lawr yn ymladd ymhlith ei gilydd am y tameidiau bach truenus, cymaint oedd eu hangen nhw am unrhyw fath o fwyd. Roedd hi'n anodd credu fod neb yn gorfod byw dan y fath amgylchiadau.

Roedd lot fawr ohonyn nhw'n ddifrifol o sâl ac yn diodde o wahanol glefydau, gan gynnwys *typhus*, haint sy'n cael ei ledu gan bryfetach pan fo rhywun yn byw mewn amgylchiadau brwnt heb ddigon o ddŵr a maeth. O'n nhw'n marw bob dydd – sawl un ohonyn nhw. Doedd e'n ddim byd i weld deg i ugain ohonyn nhw'n cael eu claddu bob dydd. Roedd e'n torri 'nghalon i weld beth oedd yn digwydd iddyn nhw, a beth oedd yn waeth fyth oedd nad oedd dim byd allen ni fel carcharorion ei wneud i'w helpu nhw.

Ac er nad o'n i'n gwbod hynny ar y pryd, roedd pethau sinistr eraill yn digwydd y tu ôl i ddrysau caeedig yn Stalag 18A. Roedd y Nazïaid yn cynnal ymchwil ac arbrofion gwyddonol ar rai o'r carcharorion. Fe ddaeth hi i'r amlwg fod gwyddonwyr yn mesur pennau carcharorion o sawl cenedl wahanol, ac wedyn yn gwneud castiau o wynebau'r bechgyn yma. Y bwriad, mae'n debyg, oedd profi goruchafiaeth yr Almaenwyr fel y *master race*. Gan fod hawliau dan gyfraith ryngwladol gyda ni, fe wrthododd y Prydeinwyr gymryd rhan yn yr hen arbrofion mileinig, diolch byth am hynny.

Ond roedd e'n tristáu rhywun fod pobol yn gallu gwneud y fath beth. O'n i'n teimlo bod yr Almaenwyr yn bychanu dyn a dynoliaeth wrth arbrofi ar y carcharorion er mwyn trio dangos bod eu cenedl nhw'n well ac yn uwch na phobol o genhedloedd eraill. Pan mae rhywun wedi cyrraedd y lefel yna o weithredu, maen nhw wedi cyrraedd yn isel iawn yn 'y marn i, maen nhw'n crafu'r gwaelod. Ond, wrth gwrs, y gred bod ei genedl e'n well nag unrhyw genedl arall yn y byd oedd yn gyrru Hitler ymlaen, a 'na beth oedd yn ei wneud e'n ddyn mor beryglus.

'Sdim amheuaeth fod pethau cwbwl fochedd wedi digwydd y tu ôl i'r weiren bigog yn Wolfsberg. Er mor anodd oedd hi, ro'n i'n gorfod cau'r erchyllterau 'ma mas o'r meddwl. Dyna'r unig ffordd i ddod drwyddi. Ac yn syml iawn, yr hyn ro'n i'n trio canolbwyntio arno fe oedd byw. Dim ond byw. Tase rhywun yn dechrau meddylu am beth ddigwyddodd ac am beth *allai* ddigwydd, wel, wedyn doedd dim modd rhoi'r sylw dyladwy i'r hyn oedd angen ei wneud. A'r hyn ro'n i am ei wneud yn fwy na dim oedd dianc. Rhywle, rhyw ffordd, rhyw bryd.

Y Cyfle Mawr

Erbyn haf 1943 fe ddaeth gollyngdod o ddiflastod y Stalag. Roedd angen dynion i fynd mas i weithio ar ffermydd yn ardal Gaas yn ne-ddwyrain Awstria yn eitha agos at y ffin â Hwngari. Fi oedd y cynta yn y ciw, fe neidiais i at y cyfle. Roedd siwr o fod rhyw ddeg ohonon ni wedyn ar y daith o tua chan milltir draw i Gaas.

Lle digon tawel oedd Gaas bryd hynny, ac roedd amaethyddiaeth yn bwysig yn yr ardal fel roedd e yng nghefn gwlad Cymru. Gan fod lot o'r dynion bant yn y rhyfel roedd angen help ar y ffermydd, a dyna oedd ein tasg ni fel carcharorion rhyfel – ni fyddai'r amaethwyr.

Roedd bywyd dipyn gwell nag oedd e yn y Stalag. Ar y ffermydd, wrth gwrs, roedd y bechgyn yn cael digon o awyr iach ac yn bwysicach na dim, roedd y bwyd yn ddigon da hefyd. Yn ystod y dydd, bob dydd, fe fydden ni'n gweithio ar y tir. Gyda'r nos wedyn roedd rhaid i ni ddychwelyd i'r *lager*, sef y gwersyll, lle ro'n ni'n cael ein cadw dan glo. Roedd y *lager* mewn hen adeilad ar gyrion y pentre.

Ro'n i'n gweithio ar ffarm oedd yn eiddo i hen wreigan o'r enw Agnes Kraller. Chwarae teg iddi, roedd hi'n cydymdeimlo'n fawr â ni fel carcharorion rhyfel. Ro'n i wastad yn meddwl amdani hi fel menyw deg a mwyn.

Roedd gwraig iau yno ar y ffarm hefyd, ac roedd ei gŵr hi yn y rhyfel. Dwi ddim yn siwr iawn gyda phwy roedd e'n gwasanaethu, na ble, ond doedd hi ddim mor gyfeillgar â'r hen wraig. Achos bod ei gŵr hi yn rhan o luoedd y gelyn, falle ei bod hi'n fwy amheus ohonon ni gan ein bod ni ar 'yr ochr arall'.

Ar bwys y ffarm roedd gwinllan, ac un diwrnod ro'n i mas yn y winllan yn gweithio gyda'r hen wreigan. Ro'n nhw wedi casglu'r ffrwyth cyn hynny os cofia i'n iawn ond roedd angen gwneud tipyn o waith cymoni ar y winllan, a dyna oedd ein tasg ni am y diwrnod. Roedd siwr o fod rhyw hanner dwsin o fenywod eraill yn helpu yn y winllan ar y diwrnod hwnnw hefyd. Ta beth, fe glywon ni sŵn o rywle, rhyw weiddi ac ati. Y peth nesa ro'n i'n ei weld oedd ambell un o'r menywod yn rhedeg draw i gyfeiriad y sŵn. Ges i gyfarwyddyd gan yr hen wreigan i aros yn y fan lle ro'n i. Do'n i ddim i fod i symud, roedd hi'n eitha clir am hynny. Dyma fi'n gofyn iddi a oedd popeth yn iawn, neu a oedd rhywun wedi cael dolur? 'Na, does dim angen poeni. Mae popeth yn iawn,' medde hi, yn dawel bach. 'Mae un o'r menywod newydd eni babi.'

Ymhen dim, ro'n i'n gweld y ferch – neu'r fam, ddylen i ddweud – yn cerdded o'r winllan a'r babi bach yn ei breichiau hi, wedi ei rwymo mewn cadachau. Roedd hi'n edrych yn ddigon cyfforddus, ond mae'n rhaid bod yr enedigaeth wedi digwydd yn sydyn iawn. Er hynny, roedd y fam a'r plentyn yn iach, a dyna oedd yn bwysig. Ac roedd gyda fi stori wahanol iawn i'w rhannu gyda'r bechgyn 'nôl yn y *lager* y noson honno.

Sbel fach ar ôl hynny wedyn, ro'n i mas yn moelyd y caeau. A dyna i gyd oedd gyda fi'n moelyd oedd dau fustach, a chrwt bach ar gefn un o'r bustych yn eu harwain nhw. Ro'n inne wedyn ag arad – un fach oedd hi, yn aredig un gŵys. Ond roedd e'n waith eitha didrafferth achos roedd y ddaear yn ffrwythlon dros ben. Roedd gwahanol lecynnau oedd yn eiddo i wahanol ffermydd wedyn, a'r rheiny wedi eu marcio'n ddigon clir. Heb fod ymhell wrtha i, ro'n i'n gweld bachan arall yn aredig; roedd dau geffyl gydag e, yn wahanol i'r bustych oedd gyda fi. Roedd hwn, fel fi, yn garcharor rhyfel. Wrth 'mod i'n aredig un diwrnod, ro'n i'n gweld y bachan 'ma fel tase fe'n brasgamu 'nôl a 'mlaen. Feddylies i wrtha i'n hunan, 'Beth sy 'mlaen 'da hwn nawr? Beth mae e'n ei wneud?' Ches i ddim ateb bryd hynny, ond diawch erioed, y diwrnod ar ôl hynny, ro'n i'n ei weld e'n gwneud yn gywir yr un peth eto. Fe ddeallais i wedyn fod y bachan yn mesur y tir. Fe ddechreuais i wneud yr un peth wrth frasgamu mas a mesur tuag at y bont oedd yn croesi afon Pinka gerllaw. Roedd yr afon honno'n rhedeg o Awstria, dros y ffin, a mewn i Hwngari.

Gwpwl o nosweithiau wedi hynny, dyma fi'n gweld y bachan oedd wedi bod yn aredig yn y gwersyll ac fe benderfynais i fynnu gair ag e. Ei enw e oedd Roy Natusch, bachan cryf yr olwg a gwallt tywyll a mwstashen ganddo. Roedd e'n garcharor rhyfel o Seland Newydd ac mae'n debyg ei fod e'n dipyn o chwaraewr rygbi oedd wedi cael treialon gyda neb llai na'r Crysau Duon cyn y rhyfel.

'Ro'n i'n eich gweld chi'n mesur y tir y diwrnod o'r blaen,' medde fi wrtho fe. Fe atebodd e mewn ffordd digon swta. 'Beth yw hynny i chi? Dyw hynna'n ddim busnes i chi.'

'O. Ro'n i'n meddwl falle bod yr un peth yn eich meddwl chi a fi,' meddwn i wrtho fe.

'Beth yw hynny 'te?' oedd y cwestiwn nesa.

A dyma fi'n dweud 'mod i'n gobeithio ryw ddiwrnod y byddai cyfle'n dod i ddianc dros y ffin i Hwngari, ac i ryddid. Dyma'i lygaid e'n goleuo i gyd. Fe atebodd yn ara bach, 'Mae'n bosib fod y ddau ohonon ni â'r un bwriad 'te.'

O'r eiliad honno fe lynon ni at ein gilydd. Fe wnaethon ni ysgwyd dwylo, ac fe fuon ni'n rhannu syniadau a theimladau'n gyson o fan 'na 'mlaen. Roedd y ddau ohonon ni nawr a'n llygaid ar agor yn edrych am y cyfle mawr i ffoi.

Roedd ein gwersyll ni siwr o fod rhyw hanner awr o wac o'r ffin â Hwngari, ac wrth gwrs, roedd yno lefydd lle roedd milwyr yn gwarchod y ffin. Ar ochr Awstria, roedd y Nazïaid yn cadw llygad barcud ar bethau, a'r ochr draw wedyn roedd man gwarchod gan filwyr Hwngari. Felly, os o'n ni am fentro dianc roedd rhaid i ni fynd heibio nid dim ond i un *checkpoint* ond heibio i ddau. Roedd Roy a finne'n deall yn iawn y byddai angen paratoi'n drylwyr. Nid ar chwarae bach y bydden ni'n gallu dianc, ac roedd angen gwneud tipyn o waith cynllunio, achos y peth diwetha o'n ni ishe oedd cael ein dal.

Fe fuon ni'n gwneud rhagor o waith mesur a chofnodi pellteroedd mewn camau rhwng gwahanol fannau. Fe lunion ni fapiau eitha manwl o'r ardal. Wedi peth amser fe ddaethon ni i'r casgliad mai'r gobaith gorau oedd gyda ni oedd trio mynd rhwng y ddau *checkpoint*. Fe benderfynon ni y bydden ni'n cadw'r cyfan yn gyfrinach rhwng y ddau ohonon ni, gan beidio sôn wrth neb arall am ein cynlluniau. Pe bai rhagor o bobol yn dod i wbod fe allai hynny beryglu'r holl beth.

Yn y ffarm lle roedd Roy yn gweithio roedd 'na lot fawr o winwns. Dyma fe'n dod â thipyn 'nôl gydag e i'r gwersyll, fesul un neu ddau ar y tro. Dyma ni'n torri'r rheiny wedyn a'u dodi nhw mewn bwced, a rhoi dŵr ar eu pennau nhw. Fe guddion ni'r bwced mewn storws yn ymyl y gwersyll rhag ofn bod rhywun yn ei weld e. Roedd pwrpas i hyn i gyd, ac fe ddof i at hynny yn y man.

Ond tra oedd Roy yn y storws, fe sylwodd e fod lle bach yno i guddio rhagor o bethau allai fod yn ddefnyddiol i ni os o'n ni am ddianc. Bob hyn a hyn, ro'n ni'n mynd mewn yno ac yn cuddio pethau. Ambell ddarn o siocled, tun bach o laeth neu fwyd, ac ati. Rhyw bethau bach oedden nhw fyddai'n help i'n cynnal ni achos roedd hi'n debyg y bydden ni ar ffo am sawl diwrnod, neu falle am wythnosau, cyn cyrraedd man saff yn Hwngari.

Fuon ni'n cwato pethau am sbel fach, am sawl wythnos o leia. Wedyn fe gyrhaeddodd mis Rhagfyr 1943. Fel arfer ar yr adeg yma o'r flwyddyn fe fyddai Gaas wedi cael tipyn o eira, ond er ei bod hi ymhell mewn i'r gaea, doedd dim golwg o'r hen stwff gwyn. Dyma ni'n meddwl wedyn y dylen ni fanteisio ar hyn a mentro dianc cyn i'r eira ddod.

Er bod Roy a fi wedi trio bod yn ofalus iawn i gadw'n trafodaethau ni'n breifat, fe glywodd bachan arall ni'n

siarad un diwrnod. Len Caulfield oedd hwnnw, carcharor
o Loegr. Ar ôl iddo fe glywed am y cynlluniau, roedd e'n
moyn dod gyda ni, wrth gwrs. Y drafferth oedd bod Len
wedi sôn wrth ffrind iddo fe'i fod e'n meddwl dianc gyda
ni, a hwnnw wedyn wedi sôn wrth fachan bach arall, Joe
Walker, o ardal Durham yng ngogledd-ddwyrain Lloegr.
Ddaeth Joe at Roy a finne un diwrnod a gofyn a allai e
ddod gyda ni hefyd. Boi bach oedd e, ac ro'n i'n poeni
a oedd e'n deall yn iawn pa mor anodd fyddai hi i drio
dianc, yn enwedig yn nyfnder gaea, pan allai'r tywydd droi
ar unrhyw adeg. Y teimlad oedd gyda ni oedd y byddai cael
mwy o bobol yn rhan o'r fenter yn cynyddu'r risg o gael ein
dal.

Yn y cyfamser roedd Roy wedi bod yn gweithio ar y
drws, hynny yw, drws y *lager* lle ro'n ni'n cael ein cadw.
Er ein bod ni'n cael ein cloi mewn bob nos, a'r bollt ar y
tu fas, roedd y nyts ar y tu fewn. Ac roedd Roy wedi bod
yn gweithio ar rheiny dros gyfnod o amser ac wedi ffindo
ffordd o'u llacio nhw gyda help sbaner roedd e wedi dod
gydag e o'r ffarm. Y trwbwl oedd, tasen ni'n gwthio'r drws
roedd posibilrwydd y byddai bachyn y drws yn cwympo
ac y byddai 'na bob math o glindarddach a sŵn pe bai
hynny'n digwydd. Ond roedd Roy yn dda yn meddwl am
yr holl bosibiliadau, ac fe gafodd e afael ar bishyn o weiar
ar y ffarm a rhoi hwnnw mas drwy dop y drws i ddala'r
bachyn lan a'i atal rhag disgyn i'r llawr yn swnllyd. Ar ôl
tipyn o arbrofi, roedd hi'n ymddangos fel pe bai popeth yn
ei le a phethau'n gweithio'n ddigon hwylus.

Gyda'r trefniadau i gyd yn eu lle a'r diwrnod mawr yn

agosáu, fe aeth Roy a fi i'r storws i gasglu'r stoc o fwyd a'r stwff oedd ei angen arnon ni ar gyfer ein taith. Wel, diawch, erbyn i fi fynd at y man lle ro'n ni wedi cuddio'r bwyd, doedd dim golwg o ddim byd. Dim o gwbwl. Roedd y bwyd wedi diflannu, pob bripsyn.

'You're not going to believe this,' medde fi wrth Roy. 'But the food is all gone. There's nothing left!' A dyma ni'n dechrau meddwl wedyn beth yn y byd allai fod wedi digwydd. Pwy allai fod wedi mynd â'r bwyd?

Yn ymyl y gwersyll roedd menyw yn byw a siwr o fod pump o blant ganddi. Fe feddylion ni tybed a oedd rhai o'r plant wedi dod ar draws y bwyd rywsut ac wedi mynd ag e. Wel, doedd dim modd i ni feddwl dianc heb fod bwyd gyda ni, felly fe benderfynon ni mai'r unig beth allen ni ei wneud oedd mynd i alw yng nghartre'r wraig i ofyn a oedd hi'n gwbod rhywbeth. Pan gnocion ni'r drws, ro'n ni'n gallu gweld wrth yr olwg ar wyneb y fenyw fach druan ei bod hi'n gwbod yn iawn pam ro'n ni wedi galw. Fe ddywedodd hi'n syth ei bod hi'n flin gyda hi, ond fod y plant wedi bod mas yn chwarae ac wedi mynd mewn i'r hen storws ac wedi ffindo'r bwyd.

'Mae'r cwbwl gyda fi fan hyn,' medde hi. 'Fe allwch chi fynd â phob dim gyda chi.'

Fe gethon ni'r bwyd i gyd 'nôl, ar wahân i faryn neu ddau o siocled. Roedd y demtasiwn wedi profi'n ormod i'r plantos ac ro'n nhw wedi bwyta'r rheiny.

Fe benderfynon ni nawr nad oedd angen oedi ymhellach. Pan fyddai golau dydd yn diflannu'r diwrnod hwnnw, fe fydden ni'n mynd.

Fe soniais i ein bod ni wedi bod yn torri winwns a'u rhoi nhw mewn bwced o ddŵr. Wel, roedd yr amser wedi dod nawr i wneud defnydd ohonyn nhw. Ro'n ni wedi cael gafael ar ddarnau o hen sachau o'r ffermydd ac ro'n ni wedi gwlychu'r rheiny yn y bwced winwns a'u rhoi nhw dros ein sgidie ni wedyn. Y rheswm wnaethon ni hynny oedd er mwyn trio sicrhau na fyddai'r cŵn oedd gan filwyr y gelyn yn gallu synhwyro'n sawr ni. Hynny yw, gwynto winwns fydden nhw yn hytrach na phobol.

Roedd tri ohonon ni i fod i fynd. Ond, ar y funud ola, fe newidiodd pethau. Penderfynodd Len Caulfield nad oedd e am ei mentro hi. Digon teg, popeth yn iawn, feddylion ni. Ro'n i wastad wedi teimlo ei bod hi'n mynd i fod yn haws i ddau ohonon ni ddianc yn hytrach na thri. Ond nid dyna ddiwedd pethau. Roedd Joe Walker, y carcharor bach o Durham, yn daer am gymryd lle Len. Beth allen ni ei wneud? Roedd hi'n anodd iawn dweud 'Na' wrth rywun oedd mor awyddus i fachu ar y cyfle i drio dianc. Felly, fe gytunodd Roy a fi y gallai e ddod gyda ni.

Un noson, ar ddechrau Rhagfyr 1943, fe fentron ni arni. Fe weithiodd popeth i'r dim gyda'r drws, a hwnnw'n agor heb ddim trafferth na rhyw lawer o sŵn. Ro'n ni mas, a'n traed yn rhydd am y tro cynta mewn dwy flynedd a hanner.

O dan olau lleuad fe weithion ni'n ffordd tuag at afon Pinka. Y bwriad oedd mynd ar hyd glan yr afon tuag at y bont. Ta beth, roedd rhywun wedi gosod polion telegraff ar y ffordd a dyma ni'n bwrw mewn i'r rheiny yn y tywyllwch ac wrth gwrs fe glywon ni'r clindarddach rhyfedda wrth i hynny ddigwydd. O'n i meddwl y byddai e'n siwr o dynnu sylw rhywun ac y byddai'r milwyr ar ein pennau ni o fewn dim.

Sefon ni man lle ro'n ni am rai munudau, ond chlywon ni neb. Tawelwch. Bant â ni eto. Yr hyn ro'n ni'n meddwl gwneud oedd mynd o dan y bont, mynd lawr i'r man lle roedd dŵr mwy bas a chroesi'r afon fan 'na. Ond fe sylwodd Roy ar rywbeth. 'Hang on, I don't think there's anyone on the bridge,' medde fe. Ambell waith, byddai milwyr ar y bont, ond doedd dim golwg o neb y tro hwn. Cymerodd Roy olwg agosach, a phenderfynu ei bod hi'n saff i fynd. Bant â ni nerth ein traed ar draws y bont.

Newydd gyrraedd pen draw'r bont yn llwyr oedden ni, pan glywon ni sŵn. Sŵn pobol yn cerdded. Roedd e'n dod o'r tu ôl i ni. Roedd cwter gweddol o ddwfn yn ymyl y bont, a dyma ni lawr i'r gwter, y tri ohonon ni. Fel roedd lwc yn bod, fe ddaeth cwmwl dros y lleuad ar yr union eiliad honno. Fe aeth pobman yn dywyll yn syth, ac fe ddechreuodd hi fwrw eira ar yr un pryd.

Ro'n i'n gallu clywed y bobol yn dod dros y bont ac roedd ci gyda nhw. Ro'n i'n meddwl ei bod hi ar ben nawr ac y byddai'r rhain yn siwr o'n darganfod ni. Arhoson ni lle ro'n ni'n hollol stond. Dim symud o gwbwl. Aeth y tri milwr a'r ci heibio heb sylwi dim ein bod ni'n tri lawr yn y gwter. Dyna beth oedd iechyd i'w clywed nhw'n mynd heibio a'r sŵn traed yn distewi yn y pellter.

Roedd rhaid i ni drio ffindo'n ffordd 'nôl nawr i'r llwybr ro'n ni wedi bwriadu ei ddilyn yn wreiddiol. Bwrw 'mlaen eto, a dyma ni'n gwneud ein ffordd drwy gaeau – digon posib mai'r rhain oedd rhai o'r caeau lle buodd Roy a fi'n aredig, ond achos ei bod hi mor dywyll a'r eira'n disgyn yn drwch roedd hi'n dipyn o gamp i wbod a o'n ni'n mynd i'r cyfeiriad iawn o gwbwl.

Iechyd y byd! O fewn dim dyma ni'n clywed drws yn agor ac yn gweld golau mawr. Dyma'r tri ohonon ni'n mynd lawr yn syth i'n cwrcwd. Ro'n ni o fewn deg llath i *sentry box* y milwyr! Ro'n ni'n gwbod y byddai o leia un milwr a chi yno. Doedd dim golwg o'r ci, ond fe ddaeth y milwr mas ac ro'n ni'n gallu ei weld e. Ro'n i'n gobeithio i'r nefoedd nad oedd e'n gallu'n gweld ni nac yn gallu synhwyro ein bod ni yno. Ta beth, fe aeth e 'nôl mewn a chau'r drws. Ac wrth bod y drws yn cau, bant â ni unwaith yn rhagor. Ro'n ni'n gwbod lle ro'n ni bellach. Yn gwbod yn iawn. Ro'n ni'n gallu dilyn y llwybr nawr i groesi'r ffin.

O'r diwedd roedden ni yn Hwngari. Ond roedd *checkpoint* arall i fynd heibio iddo fe ar yr ochr honno hefyd. Y peth nesa welon ni oedd un o filwyr Hwngari yn dod mas o'r *sentry box* lle roedd e. Wel, bois bach! Ro'n ni'n gallu gweld yn blaen fod ci gyda hwn. Dyma'r hen gi yn dechrau cyfarth. Doedd dim taw arno fe ac roedd y milwr y tynnu'r ci, oedd ar ryw fath o dennyn, ac yn dweud rhywbeth wrth y ci, yn gweiddi arno fe i fod yn dawel. Ond parhau i gyfarth wnaeth y ci. 'Sdim amheuaeth ei fod e'n synhwyro bod y tri ohonon ni ar bwys. Wel, ro'n ni'n meddwl nawr fod y rhwyd wedi cau amdanon ni.

Trwy lwc a bendith, wnaeth y milwr ddim gwrando ar y ci, a 'nôl mewn ag e i'r *sentry box*. Dim ond gweld ei gefn e oedd ishe arnon ni ac yna fe wnaethon ni roi'n traed yn y tir. Y gamp nawr oedd mynd mor bell mewn i dir Hwngari ag y gallen ni, heb ddod ar draws rhagor o broblemau. Dyna beth oedd noswaith! Ond beth oedd yn bwysig oedd fod y cam cynta, y ffoi dros y ffin, wedi llwyddo. Aros yn ddynion rhydd oedd y dasg nesa nawr, ac ro'n i'n gwbod na fyddai hynny chwaith yn rhwydd o bell ffordd.

Ar Ffo

Roedd y tri ohonon ni'n gytûn y bydden ni'n cadw i fynd i'r dwyrain gymaint ag y gallen ni cyn troi tua'r de am Iwgoslafia. Dyna beth oedd y cynllun. Roedd gan Roy styden yn ei grys a chwmpawd ynddi, ac fe fydden ni'n edrych ar hwnnw yn ystod y dydd cyn dechrau pob taith i gael gweld lle ro'n ni achos ro'n ni'n ffaelu gweld y cwmpawd yn y tywyllwch. Y broblem oedd mai gyda'r nos ro'n ni'n teithio a'r rheswm am hynny, wrth gwrs, oedd y byddai llai o siawns y bydden ni'n cael ein dal liw nos.

Roedden ni'n teithio drwy goedwig fawr wedyn ac yn gallu cadw i fynd a mynd o hyd. Erbyn ei bod hi'n gwawrio bob dydd, fe fydden ni'n aros lle ro'n ni ac yn cael rhyw damed bach i'w fwyta o'r stoc ro'n ni wedi dod gyda ni. Ro'n ni'n dilyn afon a'r hyn nad o'n ni wedi ei ystyried oedd fod honno'n ymlwybro 'nôl a 'mlaen, wrth gwrs, fel mae afonydd. Fe fydden ni'n credu'n bod ni'n ei chroesi hi mewn rhyw fan, ond diawch, roedd hi'n dod 'nôl i gwrdd â ni nes 'mlaen 'to.

Un noson wy'n cofio'n iawn ein bod ni'n dod at yr afon, ac ro'n ni'n gallu gweld digon i wbod fod 'na dipyn o ddŵr ynddi a'r llif yn gryf. A dyma Roy'n dweud, 'I know it looks pretty deep, but we're going to have to cross somewhere around here. I'll go in first to see how deep it is, and where it would be best for us to try and cross.' Iawn. Dyna ddigwyddodd. Yn yr oerfel, fe dynnodd Roy ei ddillad bant a mewn ag e i'r afon. Diawch, o fewn cwpwl o gamau fe fuodd e bytu mynd o'r golwg dan y don. Roedd y dŵr yn llawer dyfnach nag roedd e wedi ei ragweld.

'No, it's too deep,' gwaeddodd Roy, a 'nôl ag e i'r lan. Felly roedd yn rhaid i ni newid ein cynlluniau rywfaint wedyn a dilyn yr afon am sbel fach gan drio chwilio am fan gwell i'w chroesi hi. Ond ffaelon ni ffindo lle addas y noson honno, a dyma ni'n aros mewn man lle roedd tipyn o hesg tal yn tyfu. Ro'n ni'n gallu cysgodi o'r golwg fan 'na gan fod yn eitha siwr na fyddai neb yn ein gweld ni.

Roedd Roy yn lico'i fwgyn, fel roedd lot o fois y fyddin yn y cyfnod hynny, ac roedd e am fanteisio ar y cyfle i gael sigarét fach. Ro'n i'n dweud wrtho fe am beidio achos fe allai pobol weld neu wynto'r mwg a dod o hyd i ni a dyna fyddai ei diwedd hi wedyn, wrth gwrs, a'n hymgais ni i drial dianc i ryddid yn dod i ben yn go ddisymwth, neu'n diflannu i'r mwg, allech chi ddweud. Ta beth, fe soniais i o'r blaen fod Roy yn fachan dyfeisgar, a beth wnaeth e oedd tynnu ei got fawr dros ei ben, tanio'r sigarét, a gwneud yn siwr nad oedd y mwg yn codi'n uwch na'i got. Wedi iddo fe gael cyfle am hoe a mwgyn, fe ddaeth e draw ata i gan ddweud ei fod e'n poeni fod llau arno fe. Digon posib fod yr holl fwg wedi cynhyrfu'r creaduriaid achos roedd diodde gyda llau yn un o'r pethau 'na oedd yn poeni bron pob un milwr y des i ar ei draws e adeg rhyfel.

Mae'n rhyfedd sut mae atgofion yn dod 'nôl i rywun

ar adegau annisgwyl achos y foment honno yn Hwngari
pan oedd Roy yn poeni am y llau, fe gofiais i am yr hyn
ddigwyddodd i garcharor o Awstralia oedd gyda ni yn
Murau, yng nghesail yr Alpau yn Awstria. George East
oedd enw hwnnw, ac roedd e'n poeni fod llau gydag e yn ei
wallt e ac ym mlew ei geilliau. Roedd e wedi cael powdwr i
drio cael eu gwared nhw. Rwy'n cofio'n iawn amdano fe'n
tynnu ei ddillad ac yn rhoi'r powdwr 'ma dros ei geilliau.
Wel bois bach, os do fe! Yn amlwg fe wnaeth e roi lot
gormod arno ac roedd e'n jwmpo a thasgu ac yn gwingo
achos roedd y powdwr dieflig yn llosgi. Ac roedd gweld
hynny'n digwydd mewn rhan mor sensitif o'r corff yn dod
â dŵr i'n llygaid ni i gyd, heb i ni ddechrau meddwl am
beth roedd e'n ei wneud i George ei hun, druan.

Ta beth, 'nôl yn Hwngari, roedd rhaid i Roy a Joe a
finne nawr feddwl shwt ro'n ni'n mynd i ddelio â'r llau.
Fe stripon ni'n tri ein dillad, a'u troi nhw tu fewn mas,
fel petai. Cofiwch, roedd hi'n fis Rhagfyr ac roedd hi'n
rhewi. Ein gobaith oedd y byddai'r oerfel yn lladd y
llau. Wel, Arglwydd mawr, fuon ni bron â sythu! Roedd
yr oerfel yn cnoi, ac roedd hi'n anodd anadlu. A dyma
Joe bron â sgrechen wrth ddweud, 'It's too bloody cold.
It's unbearable. I've got to put my clothes back on!' Ro'n
i'n cytuno'n llwyr ag e a dyma fi'n rhoi 'nillad 'nôl arno
mor glou ag y gallen ni. Wy' ddim yn credu bod dim un
ohonon ni wedi gwisgo mor gyflym erioed. Wedi meddwl
ymhellach, wy' ddim yn credu bod llau arnon ni mewn
gwirionedd, ond roedd Roy wedi dechrau meddwl eu bod
nhw arno fe, a phan y'ch chi mewn sefyllfa mor eithafol â

hon, pan y'ch chi'n oer, wedi blino, ac angen bwyd arnoch chi, mae'r meddwl yn gallu chwarae triciau ar rywun, ac wy'n eitha siwr mai dyna ddigwyddodd i Roy. Fuon ni'n cerdded am gwpwl o noswethiau wedyn, ac yn y diwedd fe ddaethon ni at bont lle ro'n ni'n gallu croesi'r afon. Doedd hon ddim yn bont gyffredin. Roedd golwg hynod arni – roedd hi'n edrych fel pont y bydden i'n cyfeirio ati fel 'pont gŵr bonheddig' ac ro'n i'n meddwl a oedd unrhyw arwyddocâd arbennig iddi. Fe benderfynon ni y byddai Roy yn ei chroesi hi gynta, ac fe fyddai e'n rhoi chwiban i ni wedyn os oedd popeth yn edrych yn iawn yr ochr draw. A fel 'ny fuodd hi, ac fe groeson ni'r bont yn saff.

Y peth gwaetha nawr oedd y tywydd. Roedd hi'n oer ofnadw, yn enwedig gyda'r nos. Fe benderfynon ni bod angen ffindo cysgod rhag yr oerfel arnon ni. Fe ddaethon ni at ffarm fach, ac ro'n ni'n gobeithio y gallen ni gael lle i orffwys dros dro yn y sgubor neu yn un o'r tai mas. Wrth ein bod ni'n cerdded at y troad at y ffarm, ro'n ni'n gweld hen gi mawr yn dod aton ni. Doedd e ddim yn cyfarth, ond fe safodd e yn ei unfan a syllu arnon ni. Mawredd y byd! Doedd dim un o'r tri ohonon ni yn lico'i olwg e. Fe benderfynon ni mai gwell fyddai peidio troi mewn at y ffarm, ac fe aethon ni 'mlaen heibio iddi.

Ymhen peth amser wedyn fe ddaethon ni at ffarm arall. Roedd popeth yn edrych yn dawel fan 'ny. Mewn â ni i un o'r tai mas. Roedd ysgol yn mynd lan i'r dowlad uwchben y beudy. O, *champion*, feddylion ni, a lan â ni. Wel, ar ôl i ni fod lan yno am sbel fach, roedd Joe ishe ateb galwad natur.

Cwpwl o eiliadau wedi i Joe fynd lawr yr ysgol, dyma'r drws yn agor! Bang! Ond fel roedd lwc yn bod, roedd Joe tu ôl i'r drws. Dyma ddyn yn dod mewn. Fe gasglodd ychydig o'r *chaff* oedd yn cael ei storio fan 'ny, a bant ag e. Wedi iddo fe fynd dyma Joe yn dod 'nôl lan yr ysgol at Roy a fi mas o'r golwg. Wel, mewn llai na deng munud roedd y dyn 'nôl 'to. A heb air o gelwydd, beth wnaeth e oedd rhoi ei law e lle roedd Joe wedi pisho. Yr eiliad nesa dyma fe'n gweiddi ar y ci, gan feddwl mai hwnnw oedd ar fai am y patshyn gwlyb! A bant ag e 'to.

Fan 'na fuon ni wedyn dros nos, ac o'n ni'n eitha clyd mas o'r tywydd a'r oerfel. Wrth edrych mas y bore wedyn ro'n ni'n gallu gweld pobol yn mynd 'nôl a 'mlaen i adeilad bach arall ar draws y clos, ac fe ddaethon ni i'r casgliad bod siwr o fod llaethdy bach yno.

Ro'n ni wedi penderfynu nawr ei bod hi'n well symud 'mlaen tra bod lwc o'n plaid ni. Ond, cyn gwneud hynny, roedd Roy am gael golwg i weld beth oedd yn yr adeilad bach arall. Y cynllun oedd wedyn 'mod i'n gwylio nad oedd neb yn dod mas o'r tŷ tra bo Roy a Joe yn mynd mewn i'r lle ro'n ni'n credu oedd yn llaethdy. Wrth iddyn nhw fynd mewn fe gethon nhw eu taro gan arogl bara ffres a gweld fod saith neu wyth torth ar fainc o'u blaenau nhw. Gafaelodd Joe mewn cwpwl ohonyn nhw a dianc, yna bant â ni cyn gynted ag y gallen ni. O fewn rhai munudau fe ffindon ni'n hunain yn un o'r coedwigoedd oedd yn amgylchynu'r lle ym ymhob man. A fan 'na wedyn gafon ni'r cyfle i rannu'r bara. Roedd y tri ohonon ni'n dawel reit wedyn, yn gwmws fel tasen ni'n rhannu bara'r Cymun.

Fe gethon ni lond bolied o fara bob un ac roedd digon o gynhaliaeth gyda ni i fynd 'mlaen am sbel fach eto.

Fuon ni'n crwydro trwy'r goedwig am sawl diwrnod, yn meddwl ein bod ni'n mynd i'r cyfeiriad iawn, tuag at Iwgoslafia. Un diwrnod yn y goedwig fe ddaethon ni ar draws peil mawr o goed wedi eu torri. Ymhen tipyn ro'n ni'n clywed rhyw swn fel tase rhywun yn hollti coed heb fod ymhell o'r fan lle ro'n ni. Aeth Joe draw i gyfeiriad y swn i drio gweld beth oedd yn digwydd. Fe ddaeth e 'nôl cyn pen dim yn dweud fod dyn bach a chart a cheffyl gydag e'n hollti coed. Ond roedd Joe wedi cadw mas o'r golwg a doedd e ddim yn meddwl bod y dyn wedi'i weld e. Roedd Roy am i ni fynd draw i roi help llaw i'r dyn, gan feddwl falle y byddai e'n gallu rhoi ychydig o wybodaeth i ni ynglŷn â lle yn union ro'n ni ac ati er mwyn gwbod a o'n ni'n symud i'r cyfeiriad iawn. Ond do'n i ddim mor siwr a oedd hynny'n syniad doeth ai peidio. Wedi'r cyfan, ro'n ni'n garcharorion ar ffo, ac fe allai'r dyn 'ma ddweud wrth yr awdurdodau ei fod e wedi'n gweld ni. Ond roedd y ddau arall yn meddwl y byddai popeth yn iawn, ac felly draw â ni.

Pan welodd y dyn ni fe wnaeth e ddychryn dipyn bach. Ond fe ddeallodd e'n eitha clou ein bod ni am ei helpu fe, a fel 'ny fuodd hi. Fuon ni'n hollti'r coed gydag e a Joe yn eu codi nhw i'r cart. Fe aeth Joe gydag e wedyn 'nôl â'r coed i'w dŷ e gerllaw, a'r ddau'n dod 'nôl mewn sbel fach a llond côl o fwyd gyda nhw – bara, caws a rhyw fath o gig.

Ar ôl cael bwyd fuon ni'n torri mwy o goed gyda'r dyn a'u llwytho nhw. Erbyn diwedd y prynhawn fe ddechreuodd hi dywyllu a dyma'r hen foi bach yn dweud wrthon ni am fynd gydag e. Feddylion ni ei fod e'n ddigon cyfeillgar ac fe ddilynon ni e a'i gart.

Pan gyrhaeddon ni ei gartre fe wedyn roedd hen wreigan yn byw gydag e – mae'n rhaid taw ei wraig e oedd hi. Roedd dwy ferch yno hefyd. Gethon ni bob o fasned o gawl gyda nhw a phishyn o fara yr un. Roedd y dyn, y wraig a'r ferch leia'n gyfeillgar, ond ro'n ni'n gallu gweld nad oedd y ferch hyna'n gweld pethau yr un ffordd. Roedd hi fel petai hi'n amheus iawn ohonon ni. Doedd dim un ohonon ni'n eu deall nhw'n siarad, ond ro'n ni'n gallu gweld bod y ferch hyna yn hollol anghyfforddus yn ein cwmni ni. Ta beth, fe ddangosodd yr hen foi rywle i ni yn un o'r tai mas, ac roedd e'n amlwg yn fodlon i ni gysgu yno dros nos. Aeth y dyn a'n gadael ni, wedyn fe aeth Joe mas i wagu ei bledren ac yna dod 'nôl cyn hir a'i wynt yn ei ddwrn. 'I've just seen the eldest daughter leave,' medde fe. 'She was going on a path that leads to the nearest village, I think.'

Wel, roedd y tri ohonon ni nawr yn meddwl ei bod hi siwr o fod yn mynd i ddweud wrth rywun ein bod ni yn ei chartre hi. Doedd dim dewis nawr os o'n ni am gadw ein traed yn rhydd. Fe benderfynon ni fod rhaid gadael yn syth. A bant â ni.

Wrth i ni fynd drwy'r allt ro'n i'n gallu edrych lawr ac ro'n i'n gweld y ferch yn cerdded 'nôl tuag at y tŷ a dau ddyn gyda hi mewn iwnifform. Roedd cysgod y goedwig gyda ni ac felly welon nhw ddim ohonon ni, ac fe garion ni 'mlaen ar ein taith. Roedd lwc yn parhau o'n plaid ni.

Ond roedd y tri ohonon ni wedi blino, wedi yn agos at

bythefnos ar ffo siwr o fod. Ro'n ni wedi cerdded milltiroedd ar filltiroedd. Drwy goedwigoedd, dros lwybrau anodd ac ar lannau afonydd a hynny mewn tywydd oer a'r gaea'n dechrau gafael yn dynn. Roedd y coesau'n drwm, a gan mai dim ond nawr ac yn y man y bydden ni'n bwyta, ro'n ni'n teimlo'n hunain yn gwanhau'n gorfforol. A'r diwrnod ar ôl gadael y coedwigwr a'i deulu dyma Joe'n dweud ei fod e wedi cael digon. 'I can't go on,' medde fe. 'My legs have given up. You two go on. I'm going to stay here and if I'm caught then that's it, I'll say that I've been on my own, and I won't mention you two at all.' Ond yn y pen draw fe lwyddodd Roy a fi i ddwyn perswâd arno fe i gario 'mlaen am ychydig 'to. Wel diawch, rai oriau wedi hynny fe ddechreuodd Roy achwyn am stumog tost. Wy'n amau mai'r hyn oedd wedi achosi ei salwch e oedd ein bod ni wedi bwyta erfin oedd wedi rhewi mewn cae beth amser cyn hynny.

Ta beth, doedd dim dewis gyda ni nawr ond aros a gorffwys am dipyn. Fe ddaethon ni ar draws llecyn bach yn y goedwig lle roedd pobol wedi bod yn gweithio, yn torri postion ac ati. Fe gynheuon ni dân yn y fan a'r lle. Llanw'r tuniau bach oedd gyda ni gydag eira wedyn a thwymo'r rheiny i wneud te. Ond prin ddechrau yfed y te wnaethon ni, achos fel glywon ni leisiau'n nesáu. O fewn dim roedd llond lle o goedwigwyr wedi cyrraedd, ymhell dros ugain ohonyn nhw, a gyda nhw roedd dau ddyn mewn iwnifform. Roedden ni wedi'n dala. Fe aethon nhw â ni lawr i'r pentre lle roedd rhagor o filwyr a phlismyn yn aros amdanon ni.

Y bore wedyn fe gawson ni'n rhoi ar drên. Do'n ni ddim yn gwbod lle ro'n ni'n mynd na beth yn union oedd o'n blaenau ni. Ond ro'n ni'n deall yn iawn bod ein cyfnod ni o ryddid wedi dod i ben yn ddisymwth.

Carchar Tywyll Du

Fuon ni ar y trên am dipyn, ond do'n ni ddim callach ynglŷn â ble ro'n ni'n mynd o hyd. Ro'n ni'n meddwl ein bod ni'n teithio i gyfeiriad Budapest, prifddinas Hwngari. Ond wrth i'r trên ddod i stop ryw hanner can milltir o Budapest fe gethon ni gyfarwyddyd i adael y trên. Ro'n ni wedi cyrraedd man o'r enw Komárom yn agos at y ffin â Tsiecoslofacia. Ro'n ni ymhell o Iwgoslafia, lle ro'n ni wedi gobeithio cyrraedd pan wnaethon ni ddianc o Gaas yn Awstria, achos roedd y trên wedi dod â ni lan i ogledd Hwngari, ac roedd y ffin ag Iwgoslafia reit lawr yn y de. Ta beth, doedd dim byd allen ni ei wneud am hynny am y tro.

O'r stesion wedyn aeth y milwyr lan â ni i hen gastell yn Komárom. Ro'n i'n gwbod o olwg y lle nad oedd hwn yn fan pleserus i fod o bell ffordd. Unwaith ro'n ni mewn drwy'r gatiau roedd y drewdod yn taro rhywun yn syth. Lle mochedd oedd carchar Komárom, 'sdim ffordd arall o'i ddisgrifio fe.

Yn syth ar ôl cyrraedd yno fe gafodd y tri ohonon ni ein rhoi mewn cell. Ych a fi! Roedd y gell yn fyw gan bryfetach. Roedd y lle'n cerdded! Welais i ddim byd tebyg. Roedd sawl carcharor arall yn y gell yn barod ac ar y llawr roedd rhyw fath o wellt. Wrth ei olwg e fydden i'n dweud ei fod e wedi bod yno ers misoedd ar fisoedd, a Duw a ŵyr beth oedd ynddo fe achos roedd e wedi pydru fwy neu lai a phob math o faw a gwlybaniaeth ynddo fe.

Ro'n ni o dan oruchwyliaeth y fyddin a'r awdurdodau Hwngaraidd nawr, nid y Nazïaid. Yn 1943 roedd y sefyllfa yn eitha cymhleth o ran gwleidyddiaeth achos roedd Hwngari wedi bod ar ochr y Nazïaid yn y rhyfel, ond roedd nifer o bobol ddylanwadol yn y wlad am newid hynny ac ymuno â'n hochr ni.

Cyn i'r tri ohonon ni gael ein dal, ro'n ni wedi bod yn trafod beth fydden ni'n ei ddweud ynglŷn â phwy o'n ni ac o ble ro'n ni'n dod, pe bai'r gelyn yn dod o hyd i ni. Wrth gwrs, milwyr cyffredin o'n ni, ond ro'n ni wedi cytuno y byddai rhaid i un ohonon ni fod yn 'swyddog' pe baen ni'n cael ein dal. A'r rheswm am hynny oedd fod carcharorion rhyfel fel arfer yn cael eu trin yn well os oedd swyddog gyda nhw.

Roedd Roy am i fi fod yn swyddog. Ond ro'n i'n credu ei bod hi'n gwneud gwell synnwyr i Roy chwarae'r rhan. Y teimlad oedd gyda fi oedd y byddai hi'n anoddach i'r gelyn wbod yn iawn a oedd e'n dweud celwydd yn hytrach na fi achos ro'n i'n credu ei bod hi'n haws cael gwybodaeth am filwyr o Brydain na Seland Newydd. A fel 'ny buodd hi. Fe ddywedais i wrth Roy 'mod i yn ei wneud e'n swyddog a dyna fe wedi cael comisiwn fel 'Capten' yn y fan a'r lle. Do'n i ddim yn gwbod beth fyddai ymateb y Brenin, ond doedd e ddim yno i leisio'i wrthwynebiad.

Yn Komárom fe newidiodd agweddau'n llwyr pan glywodd y sawl oedd mewn awdurdod fod Roy yn 'swyddog'.

'O, mae'n ddrwg gyda fi,' medde un o swyddogion y carchar. 'Do'n i ddim wedi deall eich bod chi'n swyddog ...'

Ymhen peth amser fe gawson ni'n symud o'n cell ddrewllyd i fan oedd ryw ychydig yn well, ond dim ond ychydig. Dyna lle roedd Joe a fi yn rhannu gyda sawl un arall. Fe gafodd Roy, fel 'swyddog', fynd i'w gell ei hunan. Roedd degau o garcharorion eraill yn Komárom; pam ro'n nhw yno, ac o ble ro'n nhw wedi dod i gyd, wy' ddim yn siwr, ond roedd cynrychiolaeth o sawl cenedl yno. Roedd lot ohonyn nhw a'u dillad yn rhacs a dim byd am eu traed. Roedd nifer o Rwsiaid a Phwyliaid yno, ac fe ges i wbod wrth un o'r bechgyn o Wlad Pwyl oedd wedi bod yno am sbel fach nad oedd yr amodau oedd gyda ni yn ddim gwahanol i'r hyn oedd yn bodoli drwy'r carchar i gyd mewn gwirionedd.

Ac achos bod y carcharorion yn dod o wledydd a chefndiroedd gwahanol, roedd 'na dipyn o anghytuno a chwympo mas. Nid y cenhedloedd unedig oedd y rhain o ran eu hymddygiad, fel y gallech chi ddisgwyl. Doedd hi'n ddim byd i weld y rhain yn ymladd ymysg ei gilydd a hwnnw'n ymladd ffyrnig hefyd – taro, cicio, tynnu gwallt, gweiddi, sgrechen – popeth! Roedd Joe a fi yn cadw mor bell ag y gallen ni oddi wrthyn nhw. Do'n ni ddim ishe cael ein tynnu mewn i'r cecran a'r clatsho.

Mae'n anodd bod dan glo mewn un man, a cholli rhyddid. Ond roedd bod yn garcharor yn Komárom yn brofiad caled tu hwnt. I drio cau'r amgylchiadau mas o'r meddwl ac i gynnal y Gymraeg yn y cof, fe droies i'n llaw at farddoni rhyw damed. Fydden i fyth yn honni 'mod i'n fardd, ond roedd her yr odl yn help i roi caledi Komárom o'r neilltu am ysbaid. Ac fe ddaeth yr hen garchar yn destun ar gyfer cwpwl o englynion:

> Hen gastell yn adfeilion – unwaith
> Yn gartref i'r gwirion.
> Nawr yn annedd ysbrydion
> A ninnau, eu gwesteion.

> Dim bwyd, dim byd i'w yfed – na chwaith
> Awyr iach nac agored,
> Dim ond llond lle o bryfed
> A ninnau'n ddeiliaid i'r diawled.

Wedi rhai diwrnodau fe ddaeth Roy i ymweld â Joe a fi yn y gell a dau swyddog gydag e, un ohonyn nhw yn siarad Saesneg. Y neges oedd y gallen ni gael ein symud 'to, a hynny ymhen rhai diwrnodau, ond doedd dim sicrwydd am hynny, a chawson ni ddim gwbod i ble yn union fydden ni'n mynd, chwaith. Fe aeth rhai dyddiau heibio 'to. Wedyn fe ddaeth y swyddog oedd yn siarad Saesneg 'nôl, ac fe gawson ni gyfarwyddyd i fynd gydag e. Yr wybodaeth gawson ni oedd ein bod ni'n mynd i'r brifddinas, Budapest, ond i garchar arall yno.

Cyrraedd fan 'na wedyn, a dyna le rhyfedd arall. Roedd y celloedd fel caetshys mewn sw a'r carcharorion fel anifeiliaid yn y celloedd. Wrth i ni fynd mewn roedd 'na sŵn mawr a gweiddi pan welodd y carcharorion bod ganddyn nhw gymdogion newydd, a chael gwbod pwy o'n ni ac o ble ro'n ni wedi dod. Do'n ni ddim yn siwr ai rhoi croeso i ni o'n nhw neu a o'n nhw'n ein gwawdio ni, ond bois bach, roedd sŵn 'na.

Roedd Roy wedi cael ei gadw ar wahân i Joe a fi unwaith yn rhagor achos bod yr Hwngariaid yn meddwl ei fod e'n swyddog, wrth gwrs. Ond wedi tridiau fe gath Roy ei gyrchu lawr aton ni, yng nghwmni swyddogion Hwngaraidd, ac roedd newyddion digon cyffrous gyda nhw. Ro'n ni'n cael mynd mas o'r carchar a draw i Lysgenhadaeth y Swistir yn Budapest. Y Llysgenhadaeth oedd yn gofalu am fuddiannau Prydain yn Hwngari yn ystod y rhyfel.

Fan 'na gawson ni gyfle i ymolchi rhywfaint ac ar ôl bod ym mudreddi Komárom, roedd hynny'n rhywbeth ro'n ni'n ei groesawu'n fawr. Ymhen dim fe wnaeth tri milwr arall ymuno â ni – tri Sgotyn o'n nhw, o ardal Glasgow yn wreiddiol. Ro'n nhw wedi dianc hefyd ac wedi cael eu dal. Daeth dynion eraill, swyddogol yr olwg, o rywle i siarad gyda ni. Un o'r rheiny oedd dyn o'r enw y Gwir Barchedig Alexander Szent-Iványi, dirprwy esgob gyda'r Eglwys Undodaidd yn Hwngari. Roedd e'n siarad Saesneg yn rhugl, yn berffaith a dweud y gwir, ac roedd acen eitha Americanaidd ganddo. Roedd ei wraig, mae'n debyg, yn dod o'r Unol Daleithiau. Fe esboniodd e i ni beth fyddai ein tynged ni. Ro'n ni am gael ein symud eto, y tro hyn i le yn ne Hwngari, ryw ugain milltir o'r ffin ag Iwgoslafia. Enw'r lle oedd Szigetvár. Roedden ni am fod yn aros ar stad gŵr bonheddig, dyn o'r enw Graf Andrassy Mihaly. Fe esboniodd y dirprwy esgob i ni na fydden ni'n garcharorion yn y ffordd draddodiadol – hynny yw, fydden ni ddim yn cael ein cadw mewn celloedd – ond na fyddai perffaith ryddid ganddon ni chwaith. Fe fydden ni'n helpu Hwngari, medde fe, a byddai rhaid i ni barchu ei phobol a'u ffordd o fyw. Roedd disgwyl i ni weithio ar y stad, ond bydden ni'n cael ein bwyd a'n llety. Yn anad dim, medde'r Parchedig Szent-Iványi, roedd rhaid i ni fod yn ofalus. Dyna'r siars ola gawson ni wrth adael y Llysgenhadaeth. Chawson ni ddim manylion pellach.

Dyna deimlad braf oedd cerdded mas i un o brif strydoedd Budapest y diwrnod hwnnw, ar ôl bod yn Komárom ac yn y carchar tebyg i sw. Wy'n cofio'r olygfa nawr. Roedd hi'n ddiwedd Rhagfyr 1943, ac wedi bod yn bwrw eira, y strydoedd yn slwtsh i gyd wrth i'r eira ddadleth. Do'n ni ddim yn rhydd wrth gwrs, achos roedd rhyw bedwar neu bum milwr yn ein gwarchod ni. Ond o leia ro'n ni'n gallu profi awyr iach unwaith 'to wrth gerdded tuag at yr orsaf drenau yn Budapest. Roedd caffi bach yn yr orsaf, a thra o'n ni'n aros fan 'na, er ei fod e'n gwbod nad oedd ganddon ni unrhyw arian, daeth perchennog y caffi a bob o baned o goffi i Joe, Roy a fi. Chwarae teg iddo fe, roedd hynny'n help i'n cadw ni'n gynnes wrth aros am y trên i Szigetvár.

Yn y caffi hefyd roedd sawl un o'r Cigani, y sipsiwn Romani sy'n byw yn Hwngari. Roedd offerynnau ganddyn nhw. Chofia i ddim beth oedd gyda nhw i gyd, ond yn sicr roedd 'na sawl feiolin. A phan ddeallon nhw mai milwyr Prydeinig o'n ni fe ddechreuon nhw chwarae ambell gân i ni. Roedd un gân yn boblogaidd iawn cyn y rhyfel – 'South of the Border' oedd ei henw hi. Rwy'n cofio'r geiriau hyd heddi:

South of the Border,

Down Mexico way.

That's where I fell in love

And the stars above came out to play.

A dyma'r sipsiwn yn chwarae honno a ninnau'n canu gyda nhw yn y caffi bach 'ma yn yr orsaf. Wel, dyna beth oedd teimlad arbennig ac mae'n rhywbeth sy wedi aros gyda fi ar hyd y blynyddoedd. Yn anffodus, daeth y trên i darfu ar y canu. Wrth i ni deithio lawr drwy Hwngari roedd hi'n dal i fwrw eira'n drwm ac roedd y trên yn aros bob hyn a hyn, nid mewn gorsafoedd yn unig, ond yng nghanol cefn gwlad hefyd, a dwi ddim yn siwr pam. O bosib achos fod eira ar y trac. Ta beth, roedd Roy yn gweld hyn fel cyfle. 'Next time the train stops, I'm going to get out and run for it,' medde fe wrtha i. 'Don't be silly,' oedd yr ateb wrtha i. 'Look, Roy, this train is moving in the right direction. It's going down south, towards Yugoslavia. It's where we want to go.'

Fe lwyddais i'w argyhoeddi fe i aros ar y trên. Sawl awr wedyn fe gyrhaeddon ni'r orsaf yn Szigetvár. Fan 'na roedd milwyr yn aros amdanon ni i fynd â ni i'r stad ac at y tŷ mawr. Wrth gwrs, achos fod yr awdurdodau yn meddwl mai swyddog oedd Roy, roedd e'n cael aros yn y tŷ mawr ei hunan. Doedd Graf Andrassy Mihaly, perchennog y stad, ddim yn siarad Saesneg, ond roedd e yn medru Almaeneg. Felly, achos bod gen i rywfaint o Almaeneg, ro'n i'n cael aros yn go agos hefyd, mewn man digon cyfforddus ar bwys y tŷ mawr. Roedd Joe gyda'r bechgyn eraill mewn stablau heb fod ymhell bant. Ond roedd hyd yn oed y stablau yn rhai da a'r rheiny wedi cael eu troi yn rhyw fath o lety clyd. Roedd y Graf, neu'r Count, yn ddyn cyfoethog a phwerus iawn. Yn ogystal â'r stad yn Szigetvár roedd e'n berchen ar un arall yn Ne Affrica, ac rwy'n meddwl bod mwy o eiddo ganddo mewn rhan arall o'r byd yn ogystal. Roedd e'n ddyn pwysig yn wleidyddol yn Hwngari ar y pryd hefyd. Roedd siwr o fod ryw ugain ohonon ni'n garcharorion rhyfel ar y stad yn Szigetvár, ac ro'n ni i gyd a'n tasgau penodol i'w gwneud.

Does dim dwy waith fod y Graf yn fodern iawn yn y ffordd roedd e'n meddwl am bethau, ac mewn ffordd, roedd e'n ddyn o flaen ei amser. Roedd y gweithwyr oedd gydag e yn y felin, gan gynnwys ein bois ni, yn cael mynd i ganolfan feddygol gerllaw i gael triniaeth feddygol, *x-rays* ac ati, pe byddai angen. Roedd ysbyty yn lled agos hefyd a'r meddygon i gyd wedi eu hyfforddi yn yr Almaen, a byddai'n bechgyn ni'n gallu cael eu trin yno tase rhyw broblem feddygol ganddyn nhw. Roedd y llefydd 'ma'n cael eu cynnal gyda help nawdd ariannol oddi wrth y Graf. Felly, er ei fod e'n gyfoethog, roedd e'n defnyddio'i gyfoeth er lles pobol eraill hefyd.

Roedd rhywun yn cael y teimlad fod Szigetvár yn lle da i fyw yn gyffredinol ac roedd pethau diddorol iawn yn digwydd yno. Wy'n cofio gweld un peth yn enwedig, oedd yn anhygoel i fi fel un o bobol cefn gwlad. Roedd mochwr i'w gael yno, hynny yw, dyn oedd yn gyfrifol am ofalu am foch. Gyda bod y wawr yn torri bob bore fe fyddai e'n dechrau ar ei waith gyda'i gorn a'i chwip. Wrth iddo gerdded drwy'r pentre yn canu ei gorn fe fyddai pobol yn gadael eu moch mas ato fe a byddai hyn yn digwydd drwy'r pentre bob bore, y moch yn dod mas gyda sŵn y corn. A'r hen foch yn cael lloffi yn y caeau a'r coedwigoedd gerllaw'r pentre. Gyda'r nos wedyn byddai'r moch yn dod 'nôl i'r union gartrefi roedden nhw wedi eu gadael yn y bore – roedd y moch yn gwbod yn iawn lle i fynd. Tasen i ddim wedi ei weld e'n digwydd â'n llygaid fy hunan, fydden i ddim yn ei goelio fe. Roedd e'n hynod o beth.

Un noswaith fe ddaeth Roy ata i, ac roedd e'n amlwg wedi ei gyffroi. 'I've been invited to dinner with the Count,' medde fe. 'But since I haven't got any German I've asked if you can come along to help with the translating.' Y trefniant oedd bod Roy, fel 'swyddog', yn mynd yno i gael bwyd a 'mod inne wedyn yn dod yn syth ar ôl hynny. A fel 'ny fuodd hi ac fe ges i groeso gyda'r Graf, ac yn ogystal â gwrando arna i'n cyfieithu'r sgwrs rhyngddo fe a Roy, fe fuodd e'n holi tipyn o'n hanes inne hefyd wrth i ni siarad â'n gilydd mewn Almaeneg.

Mewn sbel fach fe ddaeth y bwtler mewn. Ac roedd bocs o sigârs gydag e. Dyma fe'n cynnig un i'r Graf i ddechrau, wedyn dod at Roy, ac yna sefyll ar 'y mhwys i. Wel, bois bach, do'n i erioed wedi smygu sigâr yn fy myw! Yna fe gofies i; yr unig beth ro'n i wedi ei weld oedd ambell i ffilm gowbois lle roedd y bois 'ma'n cnoi pen y sigâr bant, yn poeri'r top mas ac yn tanio. Felly 'na beth dries i wneud, gnoies i ei phen hi bant. Ond diawch, wedi cnoi fe welais i fod y bwtler yn dod rownd â rhywbeth i dorri'r top, a wedyn yn tanio'r sigâr droson ni. Do'n i ddim yn siwr iawn beth i'w wneud â'r top ro'n i wedi ei gnoi bant. O'n i mewn cyfyng-gyngor. Roedd slabyn mawr o gi gyda'r Graf ac wrth i fi roi pen y sigâr lawr wrth fy ochr i, fe gnoiodd y ci e. Ymhen cwpwl o eiliadau dyma'r hen gi yn dechrau tuchan a pheswch. Diawch, roedd gydag e leferydd! A dyma'r Graf wedyn yn canu ei gloch ac yn dweud wrth y bwtler am fynd mas â'r ci achos ei fod e'n cadw gymaint o sŵn, ac nad oedd e'n deall beth oedd yn bod arno fe. Ro'n i'n gwbod yn rhy dda beth oedd yn bod ar yr hen gi, druan, ond taw pia hi feddylies i ac fe aethon ni 'mlaen i gael noson bleserus yng nghwmni'r Graf. Fe dries i gadw mas o ffordd y ci ar ôl hynny.

Heb os, roedd yr awyrgylch yn Szigetvár yn wahanol iawn i'r hyn ro'n i wedi arfer ag e ers cael fy nghipio ar ynys Creta ddwy flynedd a hanner ynghynt. Ond ro'n i'n amau bod rheswm eitha penodol pam roedden ni fel grŵp o garcharorion rhyfel wedi cael ein symud i'r stad fawr yn ne Hwngari. Yn gynnar yn ystod 1944 fe fydden ni'n dod i ddeall beth yn union oedd y dasg oedd o'n blaenau ni.

Cynllun 'Top Secret'

Ar ddechrau 1944 gawson ni ymwelydd yn Szigetvár. Roedd e'n wyneb cyfarwydd i ni erbyn hyn. Y Gwir Barchedig Alexander Szent-Iványi oedd e. Roedd e'n rhywun ro'n ni'n ymddiried ynddo fe, ac roedd e wedi bod yn dda gyda ni a charcharorion rhyfel eraill. Roedd y gweinidog Undodaidd wedi dod lawr o Budapest i weld Roy yn benodol, gan mai fe oedd y 'swyddog'. Y bwriad oedd datgelu ychydig mwy o wybodaeth am yr hyn oedd yn ddisgwyliedig ohonon ni fel carcharorion.

Fe glywodd Roy wrth y Parchedig Szent-Iványi fod yr hyn ro'n ni i fod yn rhan ohono fe yn 'top secret'. Doedd yr wybodaeth ddim i fod i gael ei rhannu gyda neb y tu hwnt i gylch bach o garcharorion rhyfel. Fe gafodd un neu ddau ohonon ni'n galw mewn i glywed yr hyn oedd gan Szent-Iványi i'w ddweud. 'The British government is trying to get the Hungarian government to support the Allied war effort, and come out against the Germans,' medde fe a phob un ohonon ni'n gwrando'n astud. 'There's a lot going on in the background at the moment and what we have in mind is that a strong deputation of very influential people will be landing here by parachute one night. We want you to arrange the place of landing and then escort the deputation up to Budapest. It's imperative that no one else outside this room finds out about this.'

Wel, do'n ni ddim yn siwr beth i'w wneud o'r newyddion 'ma, ac mae'n rhaid i fi gyfadde bod gen i'n bersonol amheuon am y cynlluniau. Ond gan mai dim ond ambell un ohonon ni oedd yn gwbod am yr hyn oedd i fod i ddigwydd roedd rhaid bod yn ofalus iawn wrth drafod pethau. Roedd y grŵp o garcharorion oedd gyda ni yn Szigetvár yn dod o nifer o wledydd gwahanol. Rwy' wedi sôn am yr Albanwyr yn barod, ac roedd rhai eraill wedyn o wledydd fel Canada, Awstralia, Seland Newydd ac, wrth gwrs, ro'n i o Gymru ac ambell un arall yn dod o Loegr.

Roedd un bachan diddorol iawn gyda ni yn y cwmni. Iddew oedd e, rwy'n credu mai o Ffrainc oedd e'n wreiddiol, a'i enw e oedd Henry Lowenstein. Roedd e'n gallu siarad nifer fawr o ieithoedd, ac roedd e'n ddyn abl iawn. Roedd gydag e ddawn anhygoel fel *forger* – chi'n gwbod, roedd e'n gallu ffugio pethau. Gallai wneud copïau o ddogfennau swyddogol ac ati, ac ro'n nhw'n edrych yn berffaith. Roedd Iddew arall yn y cwmni hefyd, bachan o'r enw Tom Sanders. Wy' ddim yn siwr ai dyna ei enw iawn e, achos un o Hwngari oedd e, ond 'na beth roedd e'n cael ei alw. Roedd yntau'n gallu siarad nifer o ieithoedd hefyd gan gynnwys Hwngareg. Oherwydd hynny, roedd disgwyl iddo fe i fod yn rhyw fath o *go-between*, yn rhoi gwybodaeth i ni am wahanol ddatblygiadau ac ati ac roedd e'n ddefnyddiol iawn i Roy yn enwedig.

Fel 'Capten' roedd Roy'n gorfod teithio ar y trên rhwng Szigetvár a Budapest yn eitha aml i drafod gyda dyn o'r enw

Cyrnol Howie, a chael cyfarwyddiadau wrtho fe. Cyrnol o Dde Affrica oedd e oedd wedi dianc o un o wersylloedd y Nazïaid ac roedd e'n chwarae rhan eitha allweddol yn y cynllun 'ma i ddod â'r pwysigion mewn o Lundaîn.

O ran y glaniad wedyn, y *parachute landing*, y cyfarwyddyd ro'n ni wedi ei gael oedd ein bod ni i fynd i fan oedd ryw hanner milltir tu fas i'r pentre a'r fan 'na wedyn ro'n ni i fod i fesur 1,500 o droedfeddi i'r awyr; *fifteen hundred feet* wedon nhw wrthon ni ac ro'n nhw wedi rhoi bob o dortsh i ni. Y cynllun wedyn oedd bod yr awyren yn dod lawr i 1,500 o droedfeddi ac yn gallu gweld y golau oedd gyda ni. A dweud y gwir, wy' ddim yn siwr a fydde'r bois yn yr awyren wedi gallu gweld y golau ai peidio, ond 'na beth oedd y cynllun beth bynnag. Ar ôl hynny wedyn, ro'n ni i fod i gasglu'r parashwts ac yna roedd Roy a Tom Sanders, y bachan oedd yn siarad Hwngareg, i fod i fynd â'r pwysigion lan ar y trên i Budapest.

Roedd y glaniad i fod i ddigwydd tua diwedd Ionawr 1944 ac roedd popeth yn ei le gyda ni a phawb yn barod. Wel, ddiwrnod cyn bod y cyfan i fod i ddigwydd, fe ddaeth Szent-Iványi lawr i Szigetvár a gadael i ni wbod fod y glaniad wedi ei ohirio, ac y byddai dyddiad ac amser newydd yn cael ei drefnu. Ymhen tipyn wedyn, daeth Szent-Iványi lawr 'to, a'r tro 'ma roedd ei wraig e gydag e hefyd, ac fe ddaethon nhw â weiarles lawr gyda nhw ar ein cyfer ni. Y bwriad oedd gwrando am wahanol signalau ac ati.

Un noson pan oedd un o'r bechgyn yn gwrando ar y radio, fe waeddodd e arna i. 'Dai, come here quick,' medde fe, wedi ei gyffroi i gyd. 'Come and listen, come and listen.

I think there's a programme from Wales on the wireless!'
Roedd rhaglen bryd hynny, chofia i ddim o'i henw hi nawr,
ond roedd hi'n rhyw fath o noson lawen, lle roedd pobol yn
adrodd straeon doniol a rhai eraill yn canu. Ta beth, yng
nghanol y rhaglen 'ma nawr fe ddaeth dau fachan i ganu –
Idris Daniels a Towyn Harries o'n nhw, un yn faritôn a'r
llall yn denor a'r ddau o ardal Llandeilo. Ro'n i'n nabod y
ddau yn iawn. Mab Towy Press yn Llandeilo oedd Towyn
Harries ac roedd e'n denor arbennig oedd wedi ennill yn
yr Eisteddfod Genedlaethol. Un o ochrau Talyllychau oedd
Idris Daniels, y baritôn, wy'n meddwl. Ar ôl y rhyfel fe oedd
chauffeur Esgob Tyddewi. Ta beth, fan 'na ro'n inne, yn
Hwngari, yn gwrando ar y ddau fachan 'ma, yn enedigol o'r
un ardal â fi, yn canu ar y radio a hynny'n Gymraeg. Wel,
alla i fentro dweud bod 'y ngwallt i'n sefyll ar fy mhen i ac
roedd e wir yn rhywbeth i lanw'r galon a chodi'r ysbryd.

Ar ôl i ni fod yn Szigetvár am rai wythnosau roedd
rhai o'r bois yn aflonyddu. Ro'n nhw'n dechrau meddwl
am drial gadael a mynd tuag at Iwgoslafia. Wrth gwrs, dim
ond criw bach ohonon ni oedd yn gwbod am y cynllun i
lanio'r pwysigion 'ma o Lundain yn Szigetvár, ac roedd
rhaid i ni gadw pethau fel 'ny a dweud dim. Diolch byth, fe
lwyddodd Roy i ddwyn perswâd ar y rheiny oedd a'u bryd
ar ddianc i ddal eu dŵr.

Fe soniais i gynnau am allu Henry Lowenstein i ffugio
dogfennau. Wel roedd angen ei help e arnon ni nawr er
mwyn gwneud pasborts. Roedd lle tynnu lluniau i'w gael
yn Szigetvár, a dwy Iddewes oedd yn gwneud y gwaith yno.
Fe aethon ni draw atyn nhw, a chwarae teg iddyn nhw, fe

dynnon nhw'r lluniau am ddim i ni. Fe gafodd Lowenstein y lluniau a gwneud y pasborts i ni ac roedd rheiny gyda ni wedyn pe bai rhywun yn gofyn am ddogfennau swyddogol. Yn y cyfamser roedd dyddiad newydd wedi ei drefnu ar gyfer glaniad y pwysigion. Rhywbryd ym mis Chwefror oedd e, a phawb yn barod amdani. Wel, os na chafodd y peth ei ohirio 'to a hynny jyst cyn y glaniad unwaith yn rhagor. Roedd rhaid gwneud trefniadau newydd unwaith yn rhagor. Ond, diawch, ar 19 Mawrth 1944, fe ddigwyddodd rhywbeth i roi terfyn ar y cynlluniau i gyd.

Yn oriau mân y bore roedd sŵn awyrennau'r gelyn yn yr awyr uwch ein pennau ni wrth i'r Almaenwyr ddod mewn a goresgyn Hwngari. Wy'n credu bod y Nazïaid yn gwbod yn iawn am y cynlluniau i ddod â phwysigion o Lundain i Hwngari a'r bwriad i gefnogi Prydain a'r Cynghreiriaid. Ac wy'n siwr fod hynny y tu ôl i benderfyniad lluoedd yr Almaen i fynd mewn i Hwngari a goresgyn y wlad. Roedd e'n ormod o gyd-ddigwyddiad fel arall. Wy' wastad yn cofio mai Almaenwr oedd rheolwr y stad lle ro'n ni'n aros yn Szigetvár a chythraul o ddyn oedd e hefyd. Roedd e wedi ei gwneud hi'n amlwg o'r dechrau nad oedd e'n fodlon ein bod ni yno. Er bod ei fos e, sef Graf Andrassy Mihaly, yn dda gyda ni, chawson ni fyth groeso gyda'r rheolwr. A fydden i'n synnu dim pe bai e a'i fys yn y cawl yn rhywle, o ran pasio gwybodaeth 'mlaen at y Nazïaid.

Ymhen dim fe gyrhaeddodd hewled o filwyr yr Almaen a'n casglu ni i gyd at ein gilydd fel grŵp o garcharorion rhyfel. Fe gawson ni i gyd fynd i un stafell arbennig yn Szigetvár a chael ein cloi mewn fan 'ny. Doedd yr Almaenwyr ddim yn fodlon dweud dim wrthon ni ynglŷn â beth oedd yn mynd i ddigwydd nesa a ble ro'n nhw'n bwriadu mynd â ni. Dim byd. Yn y stafell roedd 'na un drws bach reit yn y cefn. Beth benderfynon ni ei wneud oedd cael y rhan fwya o'r bechgyn i gadw sŵn a thynnu sylw'r milwyr, tra fod rhai ohonon ni'n trial agor y drws. Ond ffaelon ni'n deg â'i symud e ddigon i'w agor e'n iawn. Roedd e fel tase fe'n bwrw rhywbeth yr ochr draw, rhywbeth oedd yn ei atal e rhag agor yn llwyr; rhyw ychydig fodfeddi'n unig roedd e'n agor.

Ymhlith y bois o Seland Newydd oedd gyda ni roedd un o'r enw Sammy Hoare. Allen Hugh Hoare oedd ei enw cywir e, ond 'Sammy' oedd e i ni. Bachan digon tawel oedd e ond roedd e'n un o'r bobol 'ma oedd yn dipyn o feddyliwr ac ar ôl meddwl, fe fyddai e'n gweithredu. Ta beth, roedd Sammy mor denau â latsen ac fe lwyddon ni i'w wthio fe mas drwy'r drws, ac fe ddywedon ni wrtho fe am drio symud beth bynnag oedd yn atal y drws rhag agor yn iawn. Aeth Sammy mas ac fe lwyddodd e i agor ychydig bach mwy o'r drws ac roedd digon o le ac amser i un arall fynd mas fwy na thebyg. Fe benderfynon ni'n glou mai Roy ddyle fynd, achos mai fe oedd yn gwbod fwya am y cynlluniau oedd gyda Szent-Iványi a'r Cyrnol Howie a'r lleill. Tase'r Almaenwyr wedi dod i wbod am y cynlluniau hynny, fe allai pethau fod yn anodd i Roy pe bai'r Nazïaid yn cael eu dwylo arno fe. Felly mas ag e. Wrth i Roy fynd drwy'r drws fe welodd y milwyr e a dyma nhw'n dechrau tanio, ond roedd Roy wedi achub y blaen arnyn nhw o drwch blewyn, ac fe redodd e nerth ei draed a llwyddo i ddianc.

Doedd y gweddill ohonon ni ddim mor lwcus. Fe gasglodd yr Almaenwyr ni at ein gilydd ac fe gawson ni fynd ar drên i Siklós, ryw ugain milltir neu lai o Szigetvár. Hen le digon diflas oedd y carchar yn Siklós hefyd; doedd dim glendid yn agos i'r lle. Wrth gwrs, roedd rhaid derbyn hefyd mai carchar oedd e, a doedd yr amodau ddim yn mynd i fod yn dda. Fel 'na roedd hi.

Tra o'n i yn Siklós fe driodd un o'r bois oedd gyda ni i ffoi. Bachan o'r enw Joe Burke o Loegr oedd e. Beth wnaeth e oedd rhoi blancedi at ei gilydd i wneud rhaff a mas ag e o ffenest uchel. Wel, os na thorrodd y rhaff, ac fe gwympodd Joe siwr o fod ryw ddeg troedfedd ar hugain i'r llawr a thorri ei goes. Ond er gwaetha'r anffawd yma, nid Joe oedd yr unig un i drial dianc.

Roedd cart a cheffyl yn dod i'r carchar trwy'r gatiau mawr bob dydd i gasglu sbwriel. Un diwrnod fe welais i gyfle euraidd i ffoi. Wrth i'r cart ddod mewn, mas â fi odano fe. Wy'n eu cofio nhw'n cau'r gât ar ôl y cart ac ro'n i'n meddwl 'mod i a 'nhraed yn rhydd unwaith 'to. Wel, os na sefodd yr hen geffyl yn ei unfan i wneud ei fusnes a thra'i fod e'n gwneud hynny, fe welodd y dyn oedd yn gyrru'r cart fi, ac fe waeddodd e nerth ei ben, a dyna'n eiliadau byr i o ryddid wedi dod i ben. Mas â'r swyddogion, a dyma fi'n cael fy ngwthio a fy mhwno 'nôl mewn i'r carchar yn eitha diseremoni.

Ond fuodd dim rhaid i ni aros yn Siklós yn hir. Ymhen ychydig ddiwrnodau ro'n ni ar drên arall, ar daith fyddai'n mynd â ni y tu hwnt i ffiniau Hwngari. Ac os o'n i'n meddwl fod pethau'n ddrwg yn Siklós, roedd llawer gwaeth i ddod.

Uffern ar y Ddaear

Pen draw'r daith o Siklós oedd Belgrad, prifddinas Iwgoslafia. Ers i fi ddianc o Gaas yn Awstria, y nod oedd cyrraedd Iwgoslafia ond y bwriad oedd cyrraedd yno yn ddyn rhydd. Yn anffodus, roedd y realiti yn wahanol iawn, ac yno fel carcharor rhyfel ro'n i.

Fe gawson ni'n trosglwyddo i le o'r enw Zemun. Un o *concentration camps* dieflig y Nazïaid oedd hwn ar gyrion Belgrad. Welais i ddim lle mwy anwar yn fy myw. Roedd hi'n anodd credu beth oedd wedi digwydd yno a beth fyddai'n digwydd yno yn ystod ein cyfnod ni fel carcharorion. Mae'n amhosib disgrifio Zemun i neb heb fod rhywun yn ei weld e, ei deimlo fe, a'i wynto fe. Dyma beth oedd uffern ar y ddaear heb os.

Semlin oedd yr enw oedd gyda'r Nazïaid ar Zemun, ac roedd e ar safle yr hen Belgrade Exhibition Grounds yn y ddinas. Roedd nifer o adeiladau mawr ar y safle ac ro'n nhw'n cael eu galw yn *pavilions*. Mae'n debyg fod y Nazïaid wedi mynd â phobol yno gynta yn 1941. *Judenlager* oedd e bryd hynny, hynny yw, gwersyll ar gyfer Iddewon ac roedd miloedd o Iddewon, yn ddynion, menywod a phlant wedi cael eu cyrchu yno. Do'n nhw ddim wedi gwneud dim byd o'i le, wrth gwrs, yr unig reswm ro'n nhw yno oedd achos eu bod nhw'n Iddewon a bod Hitler a'r Nazïaid yn eu casáu nhw. Y gwir trist amdani oedd unwaith y byddai'r Iddewon yn cyrraedd Zemun, yna doedd dim llawer o siawns y bydden nhw'n gadael yn fyw. Roedd gan y Nazïaid faniau nwy. Bydden nhw'n cyrchu rhyw wyth deg i gant o Iddewon ar y tro – o hen bobol i blant bach – i gefn y faniau mawr yma ac yna'n eu gwenwyno nhw i farwolaeth. Allwch chi ddychmygu'r fath beth? Mae'n debyg fod rhyw 6,300 o Iddewon wedi cael eu lladd yn Zemun rhwng misoedd Mawrth a Mai 1942. Dyna beth oedd creulondeb anwaraidd, oeraidd.

Wedi iddyn nhw ladd bron pob Iddew a ddaeth i Zemun, fe newidiodd y Nazïaid statws y lle. O ganol 1942 ymlaen *Anhaltelager* oedd e, hynny yw, gwersyll ar gyfer carcharorion gwleidyddol. Partisaniaid o Iwgoslafia oedd y mwyafrif ohonyn nhw, ac ro'n nhw nawr ar ochr y Cynghreiriaid yn y rhyfel, ar ein hochr ni. Ond y gwir amdani oedd mai pobol gyffredin oedd y rhan fwya o'r rhain. Serbiaid o wahanol ardaloedd yn Iwgoslafia o'n nhw yn hytrach na milwyr. Do'n nhw ddim yno achos eu bod nhw'n wleidyddol mewn unrhyw ffordd. Doedd lot ohonyn nhw falle ddim ond wedi helpu milwyr y Partisaniaid drwy roi rhyw damed o fwyd iddyn nhw ac roedd nifer yn deuluoedd a hen bobol oedd yn byw mewn pentrefi lle roedd cefnogaeth i'r Partisaniaid, ond do'n nhw ddim yn euog o drosedd o unrhyw fath.

Erbyn i ni gyrraedd yno ym mis Mawrth 1944 roedd pobol o bob oed a chefndir yno, lot fawr ohonyn nhw'n fenywod a phlant. Roedd hyd yn oed rhai Iddewon yn dal yno, ond ddim llawer. Yn y bloc lle ro'n ni'n cael ein cadw, doedd dim to uwch ein pennau ni o gwbwl. I bob pwrpas, ro'n ni yn yr awyr agored a doedd dim glendid yn agos i'r lle. Welais i ddim toiled yno o gwbwl, ac roedd y lle yn drewi. Yn drewi! Allech chi fyth â dychmygu'r tawch. Prin iawn oedd y bwyd hefyd ac roedd yr ychydig fwyd oedd ar gael yn ddychrynllyd o wael. Rhyw hen gawl cabetsh gwan oedd e oedd yn edrych fel dŵr brwnt, ambell sgrapyn o fara sych falle wedyn a ryw ychydig bach o ddŵr. Dim maeth o fath yn y byd. Dim o gwbwl. Roedd pobol yn newynu i farwolaeth yno. Bob dydd roedd siwr o fod degau yn cael eu claddu yno. Roedd pobol yn llythrennol yn marw o ishe bwyd.

Anghofia i fyth o'r diwrnod pan ddaethon ni ar draws un fenyw a babi gyda hi ac roedd llestr bach ganddi yn aros am ryw damed o fwyd. Fe gafodd hi ambell ddiferyn o'r hen gawl ofnadw 'ma yn y llestr ac fe ddywedodd hi rywbeth wrth un o'r swyddogion – wy'n meddwl mai gofyn am ryw damed bach mwy roedd hi. Ond yn lle dangos unrhyw fath o gydymdeimlad a rhoi ychydig bach rhagor iddi, druan, beth wnaeth y dyn oedd bwrw'r basyn mas o'i dwylo a chwerthin am ei phen hi. Wel, alla i ddweud wrthoch chi, fe aeth ein bechgyn ni i gyd yn gynddeiriog wrth weld hyn. Ac oni bai fod arfau gyda'r rheiny oedd yn ein gwarchod ni, fydden nhw wedi ymosod arnyn nhw. Ond y gwir amdani oedd nad oedd fiw i neb wneud dim. Canlyniad ymddygiad felly fyddai cael ein bwrw'n ddidrugaredd neu hyd yn oed ein lladd yn y fan a'r lle. Ond ro'n ni am drial helpu'r fenyw fach rywsut.

Beth wnaethon ni wedyn oedd casglu pa fwyd bynnag oedd ar ôl gyda ni at ei gilydd a rhoi'r bwyd hynny iddi hi a'r babi. Doedd e ddim llawer, ond roedd e'n well na dim iddi, druan fach. Ro'n nhw'n ein trafod ni fel baw, o'n nhw mor greulon. Mae'n amhosib disgrifio'r creulondeb yn iawn. Doedd e'n ddim byd i weld pobol yn cael eu bwrw gyda bôn dryll yn eu stumogau, eu cefnau, neu hyd yn oed yn eu hwynebau, a'r ymosodiadau corfforol ffiaidd wedyn. Ro'n nhw'n digwydd o hyd. Tristwch y peth oedd na fentrech chi ddim mynd i helpu neu fyddai'r un peth yn digwydd i chi. Roedd y cyfan yn dorcalonnus, yn dorcalonnus.

Reit o'n hamglych i ni wedyn roedd gwifrau pigog mawr tal yn creu ffensys uchel ac roedd 'na rai pobol oedd wedi mynd i'r pen o ran eu pwyll ac wedi rhuthro at y ffens mewn ymdrech i ddianc. Ond doedd dim gobaith ganddyn nhw, ro'n nhw'n rhy wan o lawer. Doedd llawer o'r bobol oedd yno'n ddim mwy na sgerbydau ac er mor druenus oedd eu sefyllfa nhw roedd rhai'n dal i drio dringo'r gwifrau. Fe fydden nhw'n cael eu saethu'n farw, a'r cyrff yn aml yn cael eu gadael yn y fan a'r lle i bawb eu gweld nhw. 'Sdim amheuaeth bod y cyrff yn cael eu gadael fel ein bod ni a'r bobol eraill oedd yno'n eu gweld nhw. Byddai'r cyrff yn cael eu defnyddio fel rhybudd – roedd hi fel tasen nhw'n trial dweud wrthon ni, 'Os triwch chi ddianc, dyma beth sy'n mynd i ddigwydd i chi!'

Fuon ni yn y bloc heb do am sawl diwrnod ar ei hyd, yna fe symudon nhw ryw ddeg ohonon ni i fan arall ar y safle. Roedd hwnnw ryw damed gwell, ond dim lot. Ta beth, roedd tua hanner dwsin o Amercaniaid fan honno; milwyr oedd wedi eu dal a'u caethiwo oedden nhw. Un o'r rhai oedd wedi eu symud gyda fi oedd bachan o'r enw Norman McLean. Boi o Ganada oedd Norman, ond am ryw reswm 'Roy' roedd y rhan fwya ohonon ni'n ei alw fe. Ro'n ni wedi dod i'w nabod e yn Szigetvár yn Hwngari, ac roedd y ddau ohonon ni yn y grŵp gafodd ei symud i Siklós ac yna lawr i Zemun. Roedd Norman yn fachan oedd yn llawn bywyd, ac roedd e'n un da am drio cadw ysbryd pawb mor uchel ag y galle fe, oedd yn beth hynod o bwysig yn y sefyllfa ro'n ni i gyd ynddi yn Zemun.

Ar adegau roedd Norman yn gallu bod yn orfrwdfrydig a mentrus, ac roedd rhywun yn gorfod ei ddal e 'nôl er ei les e ei hunan a phawb arall weithiau. Ond roedd e'n berson y gallech chi ddibynnu arno fe ar bob adeg. Roedd e'n ffrind ffyddlon fyddai'n aros gyda chi drwy bob caledi. Yn y Canadian Commandos roedd e, ac fe gafodd ei ddal gan yr Almaenwyr yn yr ymosodiad ar Dieppe yn Ffrainc fis Awst 1942. Roedd e'n ddewr, bois bach, roedd e'n ddewr. *Daredevil* fyddai'r gair Saesneg amdano fe, a doedd hi ddim yn sioc pan ddaeth e ata i un diwrnod a sôn am yr hyn oedd yn mynd trwy ei feddwl e. 'I've been thinking about things and I believe we could get through this fence, you know,' medde fe. 'I think there could be a way out. Are you willing to give it a go with me?'

'Yes, certainly,' medde fi. Doedd dim angen llawer o amser i feddwl achos ro'n i wedi cael hen ddigon ar y tipyn lle 'ma. Roedd popeth am Zemun yn troi'n stumog i.

Un noson fe aethon ni at y ffens i weld beth oedd o'n

blaenau ni. Ro'n ni wedi meddwl mai dim ond ar y wyneb roedd y ffens, ond ro'n ni'n anghywir, roedd y ffens yn mynd lawr droedfedd neu ragor mewn i'r ddaear. Fe ddaeth hi'n amlwg yn eitha clou y byddai trial dianc o fan hyn yn dipyn o dasg. Ond wedi dweud hynny, rhyw fath o swnd neu dywod oedd yn y ddaear, ac roedd e'n eitha meddal. Felly dyma ni'n penderfynu fod gwerth i ni drio palu gymaint ag y gallen ni gyda'n dwylo i weld pa mor ddwfn allen ni fynd. Fe wnaeth Norman ddechrau crafu'r tywod a fi wedyn yn ei dwlu e o'n hôl ni a'i wasgaru e. Wedyn roedden ni'n mynd am yn ail, fi'n twrio a fe'n gwasgaru. Pan welen ni gard ro'n ni'n symud o 'na i rywle arall yn glou. Proses araf iawn oedd hi ac fe fuon ni wrthi am dair noswaith, siwr o fod. Roedd hi'n dalcen caled. Ta beth, ar y drydedd noswaith roedd y gards mas yn drwch, ac roedd rhaid ei gadael hi. A 'sdim amheuaeth gyda fi fod rhywun wedi dweud wrthyn nhw ein bod ni wedi bod wrthi'n trio twrio'n ffordd mas. Ac i fod yn onest, wy' ddim yn meddwl y byddai unrhyw ffordd i ni dorri trwy'r gwifrau ta beth.

Er hynny, roedd yr ysfa i ddianc yn fwy nag erioed achos do'n i erioed wedi bod i le mor gythreulig â Zemun. Ro'n ni'n cael ein trin fel anifeiliaid gwyllt, ac nid Almaenwyr yn unig oedd yn gyfrifol am hynny. Byddai Croatiaid yn taro ac yn ymosod ar y bobol ddiniwed oedd yn gaeth yn y gwersyll hefyd. Roedd y Croatiaid a'r Serbiaid yn casáu ei gilydd, ac roedd y rhyfela rhwng y ddwy garfan honno yng nghanol holl gymhlethdod y sefyllfa wleidyddol yn Iwgoslafia ar y pryd yn creu cythrwfwl mawr. Fe gododd y problemau hynny eto yn yr 1990au, wrth gwrs, gyda'r erchyllterau ddigwyddodd yn y rhan honno o Ewrop bryd hynny. Ond yn 1944, y Nazïaid oedd yn rhedeg Zemun, a nhw yn y pen draw oedd yn rhoi'r gorchmynion ynglŷn â beth oedd yn digwydd yno.

Ganol dydd ar 16 Ebrill 1944 fe glywon ni'r sŵn rhyfedda. Roedd dinas Belgrad yn cael ei bomio gan awyrennau'r Americaniaid. Dduw mawr! Caton pawb! Roedd y lle'n ysgwyd i gyd. Roedd ardal Zemun yn cael ei thargedu achos bod rheilffordd a maes awyr gerllaw. Aeth y bomio 'mlaen dros ddeuddydd, ac roedd yr RAF yn rhan o'r peth yr ail ddiwrnod. Rhwng y bomiau a'r *searchlights* roedd yr awyr yn wenfflam olau.

A dweud y gwir, wy' ddim yn gwbod shwt ddaethon ni drwyddi achos roedd rhai o'r bomiau yna'n disgyn yn agos iawn i ni. Lwc yn unig oedd hi fod neb o'n criw ni wedi cael eu taro. Roedd pedwar milwr du o Dde Affrica yn agos aton ni ac ro'n nhw wedi dychryn yn llwyr. Fe geision nhw dwrio yn y tywod i greu *slit trench* er mwyn cysgodi. Ond yn anffodus, ar ôl yr ail ddiwrnod, fe gawson nhw eu taro gan *direct hit*. Ac yn y fan ble buon nhw'n palu, doedd dim yno bellach ond crater – welwyd mohonyn nhw fyth wedyn.

Rhwng 16 ac 17 Ebrill mae'n debyg fod rhyw ddau gant o bobol o leia wedi marw yng ngwersyll Zemun ac mae rhai'n meddwl y galle'r gwir nifer fod dipyn uwch na hynny hyd yn oed. Fe gafodd lot o'r adeiladau ar safle'r gwersyll eu chwalu'n rhacs ac roedd cannoedd wedi eu hanafu hefyd. Bois bach, roedd 'na anafiadau difrifol, erchyll. Doedd e'n ddim byd i weld pobol ac un o'u coesau wedi cael eu chwythu bant, breichiau yn hongian yn llac oddi ar bobol eraill, rhai wedyn â chlwyfau mawr yn eu hochrau a'u stumogau. Pobol yn crafu o gwmpas ar y llawr fel tasen nhw'n trio cael gollyngdod o'u poen. Welais i ddim byd tebyg erioed. Ond gwaeth na dim oedd yr ochen. O! Roedd hwnna'n ofnadw. Roedd e'n hala rhywbeth drwydda i i'w glywed e. Ochneidio mewn poen llwyr roedd y bobol 'ma. Ddydd a nos fyddech chi'n ei glywed e. Roedd llawer un fel pe baen nhw'n galw ar rywun, galw ar bwy wy' ddim yn siwr, achos do'n i ddim yn eu deall nhw, ond o'n ni'n gallu deall eu bod nhw fel pe baen nhw'n ymbil ar rywun. Rhai falle yn galw am rywun i ddod i drin eu clwyfau nhw, ond doedd neb ar gael i wneud hynny. Rhai eraill o bosib yn galw ar eu Duw am help i'w rhoi nhw mas o'u dioddefaint. Rhaid i fi ddweud, ar y pryd, nad o'n i'n tybio bod yr un Duw yn gwrando oherwydd roedd y lle'n uffern o ddioddefaint. Alla i ddim disgrifio'r synau'n iawn; do'n i ddim wedi clywed dim byd tebyg i hyn o'r blaen a diolch byth, chlywes i ddim byd cyffelyb wedyn. O'n nhw'n synau oedd yn codi ias ar rywun.

Mae rhai o'r ffilmiau wnaethpwyd am y rhyfel wedi trial ail-greu rhai o'r golygfeydd anhygoel 'ma ar hyd y blynyddoedd mewn gwahanol ffyrdd. Ond alla i ddweud wrthoch chi nawr, os nad oedd rhywun yno, yn un o'r sefyllfaoedd ofnadw 'ma, yna mae'n *gwbwl* amhosib i unrhyw un ddeall pa mor erchyll oedd y peth mewn gwirionedd. Alla i fyth a'i roi e mewn geiriau.

Does dim dwy waith fod y bomio, ac effeithiau'r bomio, yn ddiawledig o beth. Ond i fi, fe ddaeth e â siawns i ddianc achos fe greodd y bomiau dyllau mawr o gwmpas y gwersyll. Rhyw fath o grateri oedden nhw ac roedd un o'r tyllau 'ma ar bwys y weiren bigog oedd i fod i'n cadw ni mewn.

Hwn oedd y cyfle mawr i Norman McLean a fi. Fe lwyddon ni nawr i fynd o dan y weiren. Fi'n gynta, wedyn Norman, ac wrth ein bod ni yn ei gwneud hi mas o'r lle, dyma ni'n clywed lleisiau'n gweiddi arnon ni. 'Hey, c'mon, give us a hand.' Edrychon ni draw, ac roedd dau arall wedi'n dilyn ni, a lle roedd Norman a finne wedi dod mas yn ymyl un o'r pyst oedd yn dal y weiren bigog, roedd y ddau 'ma draw ymhellach i'r canol ac roedd hi'n anoddach iddyn nhw ddod mas. Ond trwy lwc, fe lwyddon ni i'w tynnu nhw mas. Dau Americanwr o'n nhw, Dick Bridges a Glenn Loveland.

Gyda'r pedwar ohonon ni mas o ffiniau'r gwersyll, roedd Norman yn credu y byddai hi'n gwneud mwy o synnwyr i ni wahanu. Roedd e'n teimlo y byddai llai o siawns i ni gael ein dal fel 'ny. A dyna ddigwyddodd. Fe rannon ni'n ddau a dau. Sefodd Norman McLean a finne gyda'n gilydd, ac aeth yr Americanwyr eu ffordd eu hunain.

Wedi tair blynedd dan ddwrn y Nazïaid, ro'n ni'n gobeithio nawr ein bod ni wedi llwyddo i ddianc o grafangau'r gelyn am byth. Ond os oedd hynny'n wir, y tristwch oedd ei fod e wedi dod ar draul cost enfawr o ran bywydau ac anafiadau difrifol i eraill yn dilyn y bomio, ac roedd hynny yn rhywbeth oedd yn anodd iawn dygymod ag e. Ond doedd dim dewis gyda ni ond trio rhoi hynny i'r naill ochr a bwrw 'mlaen ar ein taith i geisio sicrhau fod y rhyddid yn barhaol, nid yn rhywbeth dros dro.

Dilyn y Seren Goch

Unwaith ro'n ni wedi cyrraedd tir agored, ro'n ni'n mynd fel y cythraul. Fe gyrhaeddon ni beth ro'n ni'n meddwl oedd yn goedwig ar gyrion Belgrad, ond roedd y lle yn morio. Roedd e fel rhyw gors neu *swamp*. A dyna pwy oedd yn yr un man â ni oedd y ddau Americanwr, Dick Bridges a Glenn Loveland. Fe benderfynon ni'n pedwar wedyn fynd 'mlaen gyda'n gilydd o'r fan honno. Erbyn y bore, fe ffindon ni lecyn sych ac aros yno am sbel fach. Ond roedd pryfetach di-ri yno; math o fosgitos o'n nhw wy'n meddwl, ac ro'n nhw wedi cnoi lwmpau mas ohonon ni. Roedd ein coesau ni wedi eu gorchuddio â gelenod hefyd, neu *leeches*. Ych a fi, ro'n nhw ym mhob man. Trwy lwc roedd ganddon ni drowseri hir, ac at y defnydd roedd y gelenod wedi glynu, yn hytrach nag ar groen ein coesau ni, diolch byth.

Fuon ni'n cerdded am ddyddiau wedyn heb unrhyw fwyd yn ein boliau, a do'n ni ddim yn siwr ein bod ni'n mynd i'r cyfeiriad iawn, chwaith. Yn y pellter ro'n ni'n gweld adeilad, tŷ oedd e, a'r eiliad nesa, fe welais i beth o'n i'n feddwl oedd milwyr o gwmpas y lle. Fe ddywedais wrth y lleill yn dawel 'mod i'n credu mai *guardhouse* oedd hwn a bod angen cymryd gofal. Ond ro'n nhw'n meddwl fod popeth yn iawn, ac yn meddwl y dylen ni barhau i fynd 'mlaen i gysgod gallt arall, gan gadw draw wrth y tŷ. Iawn, meddwn i, a 'mlaen â ni. Fe gyrhaeddon ni'r allt, ond erbyn hynny, roedd un o'r bechgyn yn meddwl ei fod e'n gallu clywed sŵn o'r tu ôl i ni, ac roedd e'n credu fod rhywun yn ein dilyn ni. Wel, diawch, roedd e'n iawn hefyd! Roedd rhaid ffindo lle i guddio, a hynny'n glou.

Yn sydyn reit dyma ni'n clywed sŵn tanio ac fe ddechreuodd hyn ddigwydd yn gyson, pedair neu bump ergyd bob tro. Fel ro'n nhw'n cerdded 'mlaen ro'n nhw'n tanio, pedair neu bump ergyd arall. Fe gadwon ni'n dawel, yn cuddio mas o'r ffordd. Aeth y milwyr heibio heb weld lle ro'n ni. Roedd cwpwl o'r bois yn meddwl ein bod ni'n saff nawr ac am fynd 'mlaen, ond ro'n i'n credu ei bod hi'n well aros. 'Sefwch, bois,' medde fi. 'Wy'n siwr taw dim ond y milwyr ar y blaen sy wedi mynd heibio. Mae mwy i ddod, wy'n sicr o hynny.' Fe wrandawon nhw arna i, diolch byth, achos roedd rhyw bedwar neu bump o filwyr yn dilyn. Tasen ni wedi mynd mas o'r fan ble ro'n ni'n cuddio fe fydden ni wedi cael ein dal, 'sdim amheuaeth am hynny.

Roedd y pedwar ohonon ni'n cyd-dynnu'n dda gyda'n gilydd. Wy' wedi sôn yn barod am gryfderau Norman McLean; wel roedd yr Americaniaid hefyd yn fechgyn dewr. Peilot oedd wedi ei gipio gan y Nazïaid wedi i'w awyren gael ei saethu lawr oedd Dick Bridges. Roedd e'n gorfforol gryf ac yn feddyliwr dwys, ac roedd e'n ddyn o argyhoeddiad arbennig ac yn berson hynaws iawn. Aelod o Awyrlu'r Unol Daleithiau oedd Glenn Loveland hefyd. Bachan tawel oedd e, ond roedd e hefyd yn berson hawdd dod 'mlaen ag e. Roedd gan Glenn feddwl mawr iawn o Dick Bridges, a byddai'n dibynnu arno am arweiniad yn aml iawn.

Am rai dyddiau fuodd y pedwar ohonon ni'n parhau i gerdded drwy ardal wledig gogledd Serbia. Unwaith eto, doedd dim syniad gyda ni lle ro'n ni'n mynd, achos doedd dim cwmpawd na dim arall ganddon ni. Fe benderfynon ni fod rhaid i ni fynd i'r pentre nesa i drial cael tamed o fwyd, achos ro'n ni'n dechrau gwanhau'n ofnadw nawr ac yn mynd yn lluddedig. 'Dai, you'd better go down and have a look what's in this village because you speak German,' medde un o'r bois wrtha i. Wy' ddim yn siwr a oedd hynny'n mynd i'n helpu ni rhyw lawer yn Iwgoslafia, ond roedd ishe bwyd gymaint ar bawb erbyn hyn, felly lawr â fi i'r pentre.

Dyma fi'n gweld dyn yno ac yn dechrau siarad Almaeneg gydag e, ond doedd e'n deall fawr ddim. Fe wedes i wedyn mai o Brydain ro'n ni. Fe oleuodd ei lygaid e'n syth. 'I speak English,' medde fe. 'I spent many years working on the prairies in Canada and I picked up some English when I was over there.' Fe ofynnodd i mi beth ro'n ni'n ei wneud yn y pentre ac fe ddywedais i'r hanes wrtho a sôn bod tri milwr arall gyda fi hefyd. Ces i gyfarwyddyd ganddo wedyn i fynd i gasglu'r tri arall, a mewn â'r pedwar ohonon ni i'r pentre. Wel, fe gawson ni'r fath groeso yno. Croeso mawr. Bwyd, diod, lle i ymolchi, fe gawson ni bopeth yn y fan a'r lle. Ro'n ni i fod i gael llety yn un o'r tai mas yn y pentre, a'r gobaith oedd y gallen ni aros yn yno am gwpwl o ddyddiau i gael cryfhau. Ond daeth y dyn oedd wedi ein croesawu i'r pentre aton ni ar frys, ac ro'n ni'n gwbod yn syth fod rhywbeth yn bod. 'I'm sorry,' medde fe. 'But you'll have to move. You'll have to go. One of our people has gone down to the next village, and he's probably telling someone down there that you're here. So it's not safe for you to stay here any longer. Don't worry, I'll get someone to help you find your way so that you can go on from here.'

O fewn dim daeth bachgen ifanc draw, wel, crwt o gwmpas rhyw bedair ar ddeg, pymtheg oed oedd e, siwr o fod. Roedd e'n mynd i ddangos y ffordd i ni, a bant â ni yn go ddisymwth. Fuodd y crwt gyda ni wedyn am sbel fach ac fe adawodd e ni ar gyrion pentre arall, a rhoi gwbod i ni fod y lle 'ma'n fan diogel i ni fynd mewn iddo fe. Ac yn y pentre hwnnw yn ardal Fruška Gora, ryw saith deg milltir i'r gogledd-ddwyrain o Belgrad, y cwrddon ni â'r Partisaniaid.

Roedd y Partisaniaid yn un o'r grwpiau milwrol oedd wedi eu ffurfio i wrthsefyll ymgais y Nazïaid i oresgyn Iwgoslafia. Ro'n nhw'n cael eu harwain gan Josip Broz, neu Tito, fel roedd e'n cael ei adnabod. Ers diwedd 1943 roedd Prydain yn cyflenwi'r Partisaniaid ag arfau, ac felly ro'n nhw'n eitha parod i'n croesawu ni, ond fe ddywedodd y dyn oedd yn arwain y garfan leol o'r Partisaniaid wrthon ni nad oedd hi'n saff i ni aros yn y pentre dros nos, achos bod y gelyn yn mynd trwy ardal fynyddig Fruška Gora ar y pryd.

Fe gasglodd hewled o bobol ynghyd yn y pentre, a'r cyfarwyddyd gawson ni i gyd oedd y byddai'n rhaid i ni gerdded drwy'r nos. Wel, ro'n ni wedi bod yn cerdded am ddyddiau fel roedd hi ar ôl i ni ffoi o Zemun, a nawr roedd rhaid mynd eto. Yr eiliad ddechreuodd hi dywyllu, bant â ni.

Ro'n ni'n fintai fawr, rhwng milwyr y Partisaniaid, pobol leol o bob oed, plant, ceffylau a cheirt a phopeth i gyd. Wy' ddim yn gwbod faint ohonon ni oedd 'na – roedd siwr o fod degau ar ddegau ohonon ni. Ar ben popeth fe ddechreuodd hi fwrw glaw a'r cyfan yn stecs i gyd.

Ac o fewn dim ro'n ni'n gweld awyrennau'r gelyn uwch ein pennau ni. Dyna'r peth diwetha o'n ni'n moyn. Ro'n ni'n dechrau poeni beth roedd rhain yn mynd i'w wneud. Ond cadw i fynd wnaethon ni. A mynd a mynd. Roedd yr holl gerdded dros ddyddiau lawer ers dianc o Zemun wedi gadael ei farc arna i erbyn hyn. Ro'n i'n teimlo 'nghorff i, a 'nghoesau i, yn enwedig, yn dechrau ffaelu. Fe ddywedais i wrth y bois eraill, Norman, Dick a Glenn, y tro nesa fydden i'n stopio, dyna ni, mai dyna fyddai diwedd y daith i fi. Fydden i ddim yn codi 'to. 'Dim o gwbwl,' medden nhw'n bendant. Ro'n nhw'n dweud wrtha i am gario 'mlaen eto, er mor flinedig ro'n ni'n teimlo.

O fewn dim fe ddaethon ni at reilffordd. Dyma'r Partisaniaid yn ein siarsio ni gyd i eistedd lawr. 'Pawb yn dawel,' oedd y cyfarwyddyd. 'Peidiwch â symud dim.' Ac am rai eiliadau roedd popeth yn dawel fel y bedd. Gyda hynny dyma rywun yn tanio a'r *machine guns* yn dechrau. Y cyfan ro'n ni'n ei glywed oedd eu cleber cyson nhw.

Wel, wy' ddim yn gwbod o ble daeth e, ond ges i ryw nerth o rywle, a bant â fi fel cath o dân a rhedeg ar draws y lein reilffordd fel pawb arall. Wedi croesi'r rheilffordd ro'n ni'n gwbod ein bod ni'n fwy diogel wedyn, achos ryw hanner milltir o'n ni o ardal coedwig Bosut. Roedd yr ardal hon yn gadarnle i luoedd y Partisaniaid, y milwyr oedd yn adnabyddus am y bathodyn unigryw ar eu capiau – bathodyn a seren goch arno fe. Dyna'r cap fyddai ar fy mhen inne o hyn ymlaen.

Bwledi ac Wylofain

Wedi oriau ar eu hyd o gerdded a cherdded fe ddaethon ni i ymyl pentre bach. Fan hyn fe gawson ni ein gwahanu fel grŵp o bedwar, Norman, Dick, Glenn a fi. Fe ddywedodd un milwr Partisan wrtha i am ei ddilyn e, ac roedd y tri arall yn mynd gyda Phartisaniaid eraill. Mewn â ni i'r pentre, a dyma ni'n dod at dŷ bach. Mewn â ni i'r tŷ wedyn. Roedd hen ŵr a hen wraig fach yn byw yno mewn lle digon cartrefol, ond cyffredin iawn fel byddai rhywun yn ei ddisgwyl yng nghefn gwlad Iwgoslafia. Ar ganol y llawr roedd pair, a'i lond e o ddŵr. Fe ddywedodd y Partisan wrtha i am dynnu 'nillad bant a chamu mewn i'r pair. Fan 'na o'n i wedyn yn ymolchi, yn y fan a'r lle. Yna fe aeth y pâr bach â 'nillad i a'r Partisan, er mwyn golchi'r rheiny hefyd.

Yng ngolau cannwyll wedyn dyma'r hen wreigan yn dangos stafell i fi; fan hyn o'n i fod i gysgu. Do'n i ddim wedi cael noson o gwsg mewn gwely iawn ers llawer dydd, ac o'n i'n falch ofnadw i'w weld e. Mewn i'r gwely wedyn ond wrth wneud hynny, ro'n i'n dechrau cwestiynu a oedd hi'n saff i ni fod yn y lle 'ma. A oedd peryg y byddai rhywun yn dod i wbod 'mod i yno? Ta beth, er gwaetha'r amheuon, fe gysgais i, a chysgu'n drwm hefyd.

Dihuno'r bore wedyn a chlywed sŵn siarad a chwerthin. Edrych rownd nawr a gweld fod dau wely arall yn y stafell, ac roedd tair merch ynddyn nhw. Ro'n nhw siwr o fod yn ferched i'r dyn a'r fenyw oedd yn byw yn y tŷ. Ta beth, roedd y merched yn y stafell, a fan 'na ro'n i'n gwbwl borcyn yn y gwely achos bod yr hen ŵr a'r hen wraig wedi mynd â 'nillad i! Roedd y merched yn siarad ymysg ei gilydd ac yn chwerthin wrth 'y ngweld i'n cuddio o dan y flanced, ond mas aethon nhw yn y diwedd. Daeth yr hen wreigan mewn wedyn â 'nillad i, yn lân ac wedi eu sychu. Fe ffindies i mas wedyn mai yng ngwely yr hen bâr bach ro'n i wedi bod yn cysgu. Felly, rhwng popeth ro'n nhw wedi bod yn garedig iawn gyda fi fel dieithryn ac ro'n i'n amlwg yn gwerthfawrogi eu haelioni nhw'n fawr.

Roedd y Partisaniaid wedi'n siarsio ni i beidio dweud unrhyw fanylion wrth neb ynglŷn â phwy o'n ni nac o ble ro'n ni'n dod. Roedd dau reswm am hynny. Yn gynta, yn amlwg, os nad oedd y bobol leol yn gwbod dim amdanon ni fyddai dim posibilrwydd y byddai unrhyw wybodaeth yn cael ei phasio i'r gelyn, naill ai ar hap neu trwy fwriad. Yn ail, roedd hi'n bwysig diogelu'r bobol bach 'ma oedd yn rhoi llety i ni, achos pe bai'r gelyn yn dod i wbod ein bod ni wedi bod yn eu tŷ nhw fe fyddai'r bobol mewn trwbwl.

Yn y bore, fe gawson ni frecwast gyda'r teulu. Wnes i ddim mentro mewn i lawer o sgwrs gyda nhw ond roedd y Partisan oedd gyda fi'n siarad gyda'r merched. Do'n i ddim yn deall gair, wrth gwrs, ond yn amlwg ro'n nhw'n cael tipyn o sbort am rywbeth ac yn chwerthin yn uchel. Yn ddiweddarach, fe ddeallais i pam roedd rhain yn cael cymaint o hwyl. Mae'n debyg fod y merched wedi dweud wrth y Partisan fod swyddog Almaenig, nid milwr cyffredin, cofiwch chi, ond swyddog, wedi cysgu yn yr un gwely â fi dim ond tair noswaith ynghynt! Felly doedd yr Almaenwyr fyth ymhell oddi wrthon ni.

Ta beth, fe gawson ni fwyd gan y bobol a digon ohono fe. Roedd yr Americaniaid wedi cael lle da hefyd lle ro'n nhw'n aros. Ond fe ddywedodd un ohonyn nhw mai Americanwr oedd e, mae'n debyg. Camgymeriad! Pan ddeallodd y Partisaniaid hyn do'n nhw ddim yn hapus, a gyda'i bod hi'n tywyllu roedd rhaid i ninnau a'r Partisaniaid symud 'mlaen o'r pentre. Fe ddaethon ni at bentre bach arall a'r un drefn oedd i fod eto, cael llety mewn tŷ yn y pentre. A fel 'ny fuodd hi am sbel fach wedyn, mynd o fan i fan yn symud yn gyson. Dyna beth oedd patrwm y Partisaniaid.

Wy'n cofio yn un o'r pentrefi bach roedd Norman McLean a fi wedi mynd ar grwydr, a dyma Norman yn dweud fod blinder arno fe a'i fod e'n teimlo bod ishe tamed o gwsg arno fe. Dyma fe'n gorwedd lawr am ychydig a chau ei lygaid. Yn sydyn reit, dyma fe'n neidio ar ei draed. Welais i ddim ohono fe'n symud mor glou. Roedd nadredden wedi mynd dros ei wyneb e! Doedd dim llawer o ofn unrhyw beth ar Norman, ond doedd e ddim yn lico nadroedd o gwbwl. Wy' ddim yn credu fod hon yn un wenwynig, rhyw fath o neidr y gwair oedd hi, ond roedd hi'n ddigon i ddihuno Norman a gwneud iddo dasgu.

Ro'n ni wedi bod yn teithio o un pentre i'r llall am gwpwl o wythnosau erbyn hyn, a thrwy gydol yr amser roedd un o'r Partisaniaid wedi cadw'n glòs iawn aton ni.

Un bach oedd e, bachan digon ffein, ond roedd e'n cario dryll bob amser. Yna un diwrnod dyma fe'n dod aton ni, ac yn rhoi gwbod i ni ei fod e'n ein gadael ni, a dyma ni'n ysgwyd dwylo a bant ag e. Daeth bachan arall gyda ni wedyn oedd yn Athro ym Mhrifysgol Belgrad. Otto oedd ei enw e, os cofia i'n iawn, a dyma fi'n gofyn iddo fe pam fod y Partisan arall wedi'n ein gadael ni nawr ar ôl bod gyda ni am sawl wythnos? Fe ddywedodd y darlithydd wrtha i fod y dyn â'r dryll wedi bod yn ein dilyn ni o'r diwrnod cynta y daethon ni i gysylltiad â'r Partisaniaid. 'Tase un ohonoch chi wedi gwneud cam â'r Partisaniaid, a'u bradychu nhw mewn unrhyw ffordd,' medde Otto, 'yna fydde'r dyn 'na wedi eich saethu chi.'

Ychydig wythnosau cyn i ni ddod at y Partisaniaid, mae'n debyg, roedd Almaenwr wedi dod atyn nhw gan ddweud mai *deserter* oedd e oedd wedi troi ei gefn ar y Nazïaid. Ond roedd hwnnw wedi diflannu'n sydyn, yn ôl pob sôn, a doedd neb yn gwbod yn iawn beth oedd wedi digwydd iddo fe. Beth bynnag oedd y gwirionedd am ddirgelwch diflaniad yr Almaenwr, roedd un peth yn sicr, roedd croesi'r Partisaniaid yn rhywbeth peryglus iawn i'w wneud.

O fewn peth amser fe ddaethon ni at bentre wedi'i ddifrodi. Adeiladau wedi eu chwalu, lot ohonyn nhw wedi cael eu rhoi ar dân siwr o fod. Roedd pont fach i gael ar gyrion y pentre'n croesi'r afon. Fuon ni gyda'r Partisaniaid un noswaith yn tanio'r bont er mwyn ei thynnu hi lawr, ddim yn llwyr, ond digon i wneud yn siwr na fyddai un o gerbydau'r gelyn yn gallu dod drosti.

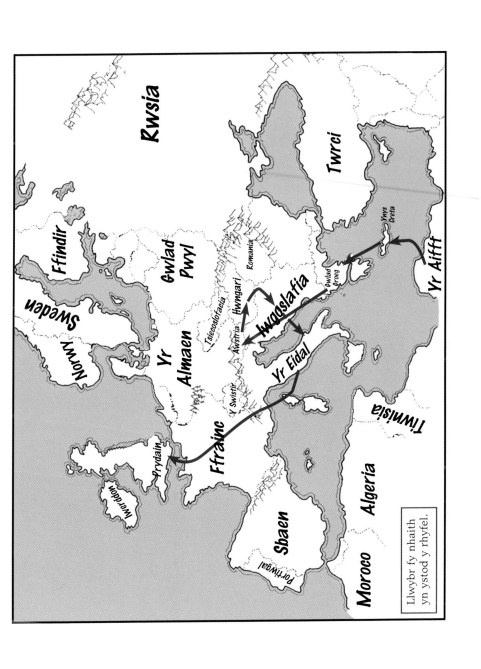

Llwybr fy nhaith yn ystod y rhyfel.

Gwersyll Zemun, Belgrad, Iwgoslafia – uffern ar y ddaear.

Trueniaid yn Semlin, neu Zemun, y *concentration camp* lle bues i'n gaeth yng ngwanwyn 1944. Well gen i beidio meddwl beth oedd eu tynged. O'r fan hon y llwyddais i ffoi at y Partisaniaid yn Ebrill 1944.

Y *daredevil* ei hunan – Norman McLean o Ganada.

Dick Bridges, y peilot Americanaidd, un o'r tri wnaeth ddianc gyda fi o Zemun ac yna ymlaen i ymladd gyda'r Partisaniaid yn Serbia.

Glenn Loveland, Americanwr arall wnaeth ddianc o Zemun gyda'i gydwladwr Dick Bridges, Norman McLean o Ganada, a fi.

Ar ddiwedd y rhyfel, yn pwyso saith stôn a hanner.

Yr argymhelliad swyddogol ar gyfer y Military Medal, ac erthygl amdana i yn y papur lleol.

Llun: Aled Llywelyn

Gurnos Jones o Felingwm yn filwr ifanc. Yn 2001 derbyniodd y ddau ohonom ni fedalau gan lywodraeth Gwlad Groeg, 60 mlynedd wedi brwydr Creta.

Beti a fi ar ddiwrnod ein priodas yn 1954.

Fi a fy meibion; Graham, Michael ac Andrew ar sgwâr yn Murau, Awstria lle bues i'n garcharor yn 1942. Roedd yn brofiad rhyfedd ailymweld â'r lle.

Fi a Herr Moshammer, mab Franz Moshammer, sef un o'r bobol oedd yn ein goruchwylio ni tra oedden ni'n garcharorion yn Murau.

Tu fas i westy yn Murau gyda mab Franz Moshammer. Daeth e i gwrdd â fi wedi i berchnogion y gwesty, sydd hefyd yn y llun, gysylltu ag e i ddweud 'mod i wedi dod i'r dre i chwilio am deuluoedd rhai o'r bobol leol ddes i i'w nabod fel carcharor rhyfel saith deg mlynedd 'nôl.

Lluniau: Ioan Wyn Evans

Diwrnod pwysig. Beti a finnau ym Mhrifysgol Cymru Y Drindod Dewi Sant ar achlysur cael fy urddo'n Gymrawd i'r Brifysgol yng nghwmni Dr Brinley Jones a'i wraig Stephanie.

Y teulu mawr ynghyd.
Chwith i'r dde, rhes gefn: Llew (mab Michael), Liz (gwraig Andrew), Tom (mab Andrew), Morgan (merch Michael), Andrew (fy mab), Michael (fy mab), Graham (fy mab).
Rhes ganol: Sara (merch Ann), Maddy (merch Andrew), Ella (merch Andrew), Lisa (merch Ann), Mara (gwraig Michael), Ann (fy merch).
Rhes flaen: fi a Beti.

Beti a fi heddiw.

Y diwrnod wedyn fe aeth Norman McLean a fi draw i gael golwg ar y bont. Wrth ein bod ni ar y ffordd draw dyma rywun yn dechrau tanio aton ni. Bois bach! O'n ni'n clywed sawl ergyd, un ar ôl y llall, a dyma'r ddau ohonon ni'n disgyn lawr yn fflat yn syth yn hytrach na'n bod ni'n dargedau amlwg ar ein traed. A fel mae lwc yn bod, ro'n ni yn ymyl man lle roedd yr afon wedi newid ei chwrs, ac roedd goleddf lle roedd hi wedi bod yn rhedeg. Foelon ni mewn i'r lle bach hwnnw ac o'n ni lawr, a mas o'r golwg yn ddiogel. Fe sefon ni fan 'ny, ond bob hyn a hyn ro'n ni'n clywed y tanio, a doedd e ddim yn bell bant oddi wrthon ni.

Ro'n ni mewn tir agored nawr, ond allen ni weld bod coedwig heb fod ymhell, ac ro'n ni'n meddwl os gallen ni gyrraedd honno, fe ddylen ni fod yn saff. Benderfynon ni mai'r unig beth i'w wneud oedd i Norman redeg i un cyfeiriad a finne i'r cyfeiriad arall er mwyn ei gwneud hi'n anoddach i bwy bynnag oedd yn tanio. Dyna beth wnaethon ni, rhedeg nerth ein traed i wahanol gyfeiriadau, a diolch byth, fe lwyddodd y ddau ohonon ni i gyrraedd cysgod y goedwig yn ddiogel.

Pan gyrhaeddon ni 'nôl i'r pentre fe gawson ni'n ceryddu gan ambell un am dynnu sylw aton ni'n hunain a rhoi pawb mewn perygl heb fod angen. Wrth gwrs, wedyn fe ddeallon ni pa mor beryglus mewn gwirionedd oedd taith fach oedd yn ymddangos yn ddigon diniwed i ni ar y dechrau ac fe allai pethau fod wedi bod yn llawer mwy difrifol, 'sdim amheuaeth am hynny.

Yn yr un ardal fe gawson ni brofiad pryderus arall. Un diwrnod fe glywson ni gerbyd yn dod tuag aton ni, ac wrth ei sŵn e roedd e'n gerbyd go drwm. Fe redon ni i guddio, tri ohonon ni, Norman, fi a Dick Bridges, yr Americanwr. Fe guddion ni tu ôl i adfail tŷ, ac ro'n ni'n gallu gweld y tu draw i'r adfail mai math o danc bach oedd y cerbyd. Daeth milwr mas o'r cerbyd a mynd i bisho yn erbyn y wal. Wel, fan 'na ro'n ni, ddim yn gallu mentro symud modfedd, achos tase carreg wedi cwympo yn y man lle ro'n ni'n cuddio fe fyddai wedi bod yn ddigon i dynnu sylw'r milwr ac fe fyddai hi wedi bod yn nos arnon ni. Ond, fel ddigwyddodd hi, welodd neb ni. Pan fennodd y milwr wneud beth roedd e'n ei wneud, aeth e 'nôl mewn i'r cerbyd a bant ag e. Rhyddhad! Iddo fe ac i ni! Ond ardal fel 'na oedd hi, a do'n ni byth yn siwr beth oedd o'n blaenau ni.

Parhau i symud o fan i fan ro'n ni, ac un diwrnod fe ddywedodd un o'r Partisaniaid oedd yn gofalu amdanon ni wrth Otto, y darlithydd oedd gyda ni, fod ei bentre bach e gerllaw, a'i fod e am ddangos y lle i ni. Enw'r pentre oedd Sremska Rača, lle oedd wedi ei losgi i'r llawr i bob pwrpas yn ystod y rhyfel. Aeth Norman a fi gyda'r Partisan i'r pentre.

Wrth ein bod ni'n dod at Sremska Rača, dyma'r Partisan yn rhedeg i gornel cae wrth ymyl y pentre a dyma fe'n dechrau llefen a sgrechen, ac yn syrthio ar ei benliniau fel tase fe'n gweddïo. Wel, roedd hi'n olygfa druenus, do'n ni ddim wir yn gwbod beth ddylen ni ei wneud. A gwaethygu wnaeth pethau. Roedd e'n fôr o ddagrau, druan. Roedd e'n trio dweud rhywbeth, ond do'n ni ddim yn deall gair, yn anffodus. Dyna beth oedd profiad torcalonnus, ond do'n ni'n dal ddim yn gwbod beth oedd wedi achosi i'r Partisan ymateb fel wnaeth e.

Pan gyrhaeddon ni 'nôl i'r man lle ro'n ni'n aros, soniais i wrth Otto beth oedd wedi digwydd. Fe ddywedodd e y byddai e'n cael gair gyda'r Partisan i drio cael gwbod beth oedd yn bod.

'Fe es i â nhw i'r fan lle mae 'ngwraig i wedi ei chladdu,' medde'r Partisan wrth Otto. Fe aeth e ymlaen wedyn i adrodd y stori yn llawn.

Wy' wir ddim yn siwr a ddylen i ddweud yr hanes achos mae'n stori ofnadw, ond mae'n dangos creulondeb rhyfel hefyd, ac yn anffodus, yn dangos dim ond yn rhy dda pa mor isel y gall dynoliaeth fynd.

Mae'n debyg fod gwraig y Partisan yn feichiog pan aeth lluoedd y gelyn mewn i Sremska Rača. Fe gipion nhw'r wraig, a thra ei bod hi'n dal yn fyw ro'n nhw wedi tynnu'r babi o'i chroth. Mab oedd e, meddai, ac fe wnaethon nhw sbaddu'r babi bach. Trengodd y fam a'r babi wedyn. Yn ôl y Partisaniaid, fe laddwyd rhyw 350 o bentrefwyr i gyd.

Do'n ni ddim yn gwbod shwt i ymateb ar ôl clywed hyn. Beth allen ni ei ddweud wrth y Partisan druan? Ro'n ni wedi gweld y dyn yn ei bangau ac er na allen ni ddychmygu ei ddioddefaint e, ro'n ni'n gallu deall yn iawn nawr pam roedd e wedi ymateb fel y gwnaeth e.

Tocyn i Ryddid

Fe soniais i sawl gwaith mai un o brif dactegau'r Partisaniaid oedd dal i symud, ac roedd hynny'n ei gwneud hi'n anoddach i'r gelyn eu targedu nhw, wrth gwrs. Ond oherwydd hynny, ro'n ni ar grwydr yn gyson.

Un diwrnod ro'n ni mewn llecyn agored, a choedwig o'n cwmpas ni. Roedd hi'n ddiwrnod twym, ac ro'n ni wedi tynnu tipyn o'n dillad i'w hongian nhw ar y draen i gael ychydig o aer drwyddyn nhw. Ond yn ystod ein cyfnod ni gyda'r Partisaniaid, ro'n i wedi dod i ddeall nad oedd dim un adeg o dawelwch yn para'n hir, ac felly roedd hi'r diwrnod hwnnw.

O unman fe glywon ni sŵn awyren, ac wrth edrych lan ro'n i'n gallu gweld awyren Stork, neu *Storch* i roi ei henw cywir iddi, yn hofran uwchben fel aderyn ysglyfaethus. Awyren fach oedd hon, ac fe ddaeth hi uwch ein pennau ni a wedyn bant â hi. Roedd popeth yn dawel a do'n i ddim yn gallu clywed sŵn yr injan yn y pellter hyd yn oed. Ro'n i'n meddwl fod popeth yn iawn nawr. Ond daeth cyfarwyddyd i beidio symud ac i gymryd gofal. Roedd y Partisaniaid yn gwbod yn iawn am driciau peilotiaid y gelyn. Ymhen ychydig roedd y Stork 'nôl eto, ac roedd hi dipyn agosach aton ni erbyn hyn. Mae'n debyg mai'r hyn oedd y peilotiaid yn ei wneud oedd troi'r injan bant am ychydig a gadael i'r awyren gwympo'n is, cyn ei thanio hi lan 'to. Pan ddaeth hi 'nôl roedd hi'n gollwng *grenades*, ac ro'n i'n gallu clywed rhyw ffrwydradau bach wrth i'r rheiny lanio yn y goedwig. Ond trwy lwc, chafodd neb ohonon ni niwed, a bant yr aeth yr awyren.

Roedd prinder offer yn gallu bod yn broblem gyda'r Partisaniaid, ond daeth neges ymhen rhai dyddiau wedi'r ymosodiad awyr fod awyren yn mynd i ddod ag arfau a nwyddau ac ati. Un noson fe gyrhaeddodd yr awyren a gollwng cargo ar gyfer y Partisaniaid. Doedd yr awyren ddim yn glanio, dim ond gollwng offer drwy *parachute drops* roedd hi, ac roedd rhaid i ni fynd yno i gasglu'r cargo wedyn.

Erbyn hyn ro'n ni'n gallu anfon signalau radio mas hefyd, a'r ffordd roedd hynny'n digwydd oedd bod ganddon ni feic, a *generator* bach arno. Byddai'r beic wedi'i droi a'i ben i waered, ac roedd rhywun yn gorfod troi'r pedalau wedyn, yr un cyflymder drwy'r amser – roedd hynny'n bwysig – a fel 'na wedyn roedd digon o bŵer yn cael ei gynhyrchu i hala'r neges mas. Wrth safonau heddi, wrth gwrs, mae'r cyfan yn swno'n hen ffasiwn ofnadw, ond ro'n ni'n gorfod gwneud y gorau o'r hyn oedd gyda ni ar y pryd.

Rai dyddiau wedi glaniad y cargo cynta fe ddaeth rhagor o stwff. Ac yn yr ail gargo roedd rhywbeth oedd yn cael ei alw'n *PIAT gun*. Wy'n credu mai *Projector, Infantry, Anti Tank gun* oedd y teitl llawn, os cofia i'n iawn. Ta beth, fe ddaeth y dryll mewn bocs mawr, ond roedd e mewn darnau, ac roedd angen ei roi e at ei gilydd. Pan agorodd y

Partisaniaid y bocs, fe welon nhw bod llyfr cyfarwyddiadau trwchus yn dod gyda e, ond do'n nhw ddim yn deall gair, achos roedd y cyfarwyddiadau i gyd yn Saesneg, bob un gair. Felly, dyma fi'n cael 'y ngalw wedyn i helpu gyda'r dasg o roi'r dryll mawr 'ma at ei gilydd.

Gyda chryn dipyn o grafu pen, fel sy wrth roi pethau cymhleth fel 'na at ei gilydd wastad, fe lwyddon ni i ddod i ben â'r dasg. Roedd y dryll PIAT yn un eitha pwerus. Saethu rocedi bach roedd e yn hytrach na bwledi ac roedd e'n arf digon grymus i rwystro tanc bach. Wedyn roedd rhaid cael practis ar ei danio fe, a'r cyfarwyddiadau ar hynny yn Saesneg eto, wrth gwrs. Darllen rheiny a phasio'r wybodaeth 'mlaen at un o'r Partisaniaid. Yna rhoi un o'r rocedi mewn yn barod i'w thanio. Wel, yn holl gyffro'r peth, wrth gael rhoi tro ar y dryll am y tro cynta, fe dynnodd y Partisan y triger heb feddwl yn iawn at beth roedd e'n saethu, wy'n credu, ac fe laniodd y roced mewn hen dwlc a chwalu hwnnw'n rhacs. Diolch byth, doedd dim dyn na mochyn yn agos at y twlc, ond ddangosodd hyn i ni fod tipyn o nerth yn y PIAT, a'i fod e'n gweithio'n iawn!

Roedd llawer o weithredoedd milwrol y Partisaniaid yn digwydd gyda'r nos. Un noswaith fe aethon nhw i felin fflŵr oedd yn cael ei gwarchod gan luoedd y gelyn heb fod ymhell wrthon ni. Do'n ni ddim gyda nhw y noson honno, ond pan gyrhaeddon nhw 'nôl fe glywson ni beth oedd wedi digwydd. Ro'n nhw wedi mynd lan at y felin ac wedi llwyddo i fynd â fflwr o 'na. Yn ystod hyn i gyd roedd un o arweinwyr y Partisaniaid yn lleol, gof wrth ei alwedigaeth, bachgen smart a phoblogaidd iawn, wedi cael ei saethu a'i ladd. Y bore wedyn roedd cwmwl mawr o alar dros y lle i gyd. Roedden ni'n cael yr un teimlad ag y cewch chi pan mae aelod o'r teulu'n marw. Fe wnaeth e'n bwrw ni i gyd, cymaint oedd yr ergyd i'r 'teulu' o Bartisaniaid o golli'r dyn ifanc 'ma. Fe wnaeth y profiad fy ysgogi i gyfansoddi pwt o englyn, rhywbeth bach i goffáu'r dyn ar yr adeg y claddwyd e:

> Dim bedd yw hwn ond claddfa – dim clai
> Ond brigau a'th guddia.
> 'Da chŵyn y dylluan y cysga,
> A'r utgorn a'th gyfoda.

Dair noson wedi i'r arweinydd lleol gael ei ladd fe wnaeth y Partisaniaid gipio tri charcharor rhyfel a dod 'nôl â nhw gyda nhw. Yn ôl yr hyn oedd yn cael ei ddweud wrthon ni, roedd y tri 'ma wedi bod yn chwarae rhan flaenllaw yn ymdrech y gelyn i ddifrodi'r pentrefi lleol, gan roi cartrefi pobol ar dân, heb ofyn unrhyw gwestiynau. Mae'n debyg nad o'n nhw'n gwbod a oedd y bobol oedd yn byw yn y pentrefi'n gefnogol i'r Partisaniaid ai peidio. Roedd y ffaith eu bod nhw'n byw yn yr ardal lle roedd y Partisaniaid yn gryf yn ddigon i gyfiawnhau difrodi eiddo'r bobol a hyd yn oed eu lladd nhw. Ta beth, fe gipiwyd y tri. Do'n i ddim yn siwr beth yn union roedd y Partisaniaid yn mynd i'w wneud â nhw, ond ro'n nhw siwr o fod am gael gwybodaeth wrthyn nhw am gynlluniau'r gelyn. Roedd y Partisaniaid o flaen eu hamser mewn ffordd, achos roedd nifer fawr o fenywod yn rhan o'u lluoedd nhw. Roedd adroddiadau fod cymaint â chan mil o fenywod yn ymladd gyda byddin Tito yn ystod y rhyfel.

Ro'n i'n gallu gweld bod y sefyllfa gyda'r tri charcharor 'ma'n un gynhyrfus tu hwnt. Er nad o'n i'n deall beth oedd yn cael ei ddweud, ro'n i'n gallu synhwyro'r tensiwn yn iawn, ac ro'n i'n gwbod fod pethau ar fin cyrraedd rhyw fan pan fyddai popeth yn berwi drosodd. Yn sydyn, dyma un o'r menywod yn codi ar ei thraed. Roedd pob Partisan yn cario cyllell fel mater o drefn, a dyma'r fenyw'n mynd draw at un o'r tri â chyllell fawr yn ei llaw. Fe gydiodd hi yn ei wallt e a thynnu ei ben e reit 'nôl. Ro'n i'n meddwl ei bod hi'n mynd i dorri gwddwg y bachan 'ma yn y fan a'r lle. Ond fe waeddodd un o'r swyddogion ac fe gamodd hi 'nôl. Ta beth, fe aethon nhw â'r tri hyn o'n golwg ni i gyd. Wy' ddim yn gwbod beth ddigwyddodd iddyn nhw wedyn.

Mae pobol yn gallu gwneud y pethau rhyfedda mewn cyfnod o ryfel, ac roedd adroddiadau am greulondeb o ran y Partisaniaid hefyd. Mae'n rhaid i fi ddweud y ffindies i nhw yn ddigon teg, ond ro'n i ar eu hochr nhw, wrth gwrs, ac yn byw yn eu plith hefyd. Ond ro'n i'n gallu gweld yn iawn pan o'n nhw'n cael eu cynhyrfu pa mor danllyd ro'n nhw'n gallu bod, ac o'n i'n synhwyro bryd hynny nad oedd ofn yn perthyn iddyn nhw. Dim o gwbwl.

Er gwaetha'r ffaith fod rhywfaint o arfau ac offer wedi'n cyrraedd ni o Brydain, roedd prinder sawl peth o hyd. Er enghraifft, roedd y sgidie oedd gyda fi'n hunan wedi mynd yn rhacs, achos ro'n i wedi cerdded cymaint wrth ddianc at y Partisaniaid yn y lle cynta. Roedd sgidie da yn brin ymhlith y Partisaniaid yn gyffredinol ac wrth gwrs roedd

cael rhywbeth solet am eich traed bron yr un mor bwysig
â chael offer milwrol. A gredech chi ddim beth oedd ar 'y
nhraed i. Yng Nghymru, cyn y rhyfel, ro'n i'n arfer 'porco
mochyn' wedi ei ladd e, a byddai'r croen yn sefyll arno
fe, er bod y blew yn cael eu torri bant. Ond yn Iwgoslafia
ro'n nhw'n tynnu'r croen bant i gyd, a wedyn yn hongian a
sychu'r croen. A dyna beth oedd gyda fi ar 'y nhraed oedd
sgidie bach wedi eu gwneud o groen mochyn fel rhyw fath
o *moccasins*. Do'n nhw ddim yn ffito'n berffaith, ond ro'n
nhw'n well na dim.

Mewn cyfnod o ryfel, doeddech chi ddim yn gallu bod
yn rhyw barticiwlar iawn am yr hyn fyddech chi'n ei wisgo
na'i fwyta. Roedd rhaid i ni fodloni ar beth bynnag fydden
ni'n ei gael. Wy'n cofio un tro pan aethon ni i un pentref
bach oedd yn llawn adfeilion tai wedi eu dinistrio, ac fe
aeth Dick Bridges, yr Americanwr oedd gyda ni, draw i
gael golwg ar un o'r simneiau oedd yn dal i sefyll. Roedd
rhyw hen silff fach yn y simne, yn debyg i beth fyddech
chi'n ei weld mewn ambell un o'r hen dai Cymreig. Fe
wnaeth Dick roi ei law ar y silff oedd jyst uwchlaw ei ben
e, a thynnu blocyn bach sgwâr oddi ar y silff. Roedd e fel
bricen. Dyma fe'n dechrau glanhau'r blocyn, ac yn gweld
wedyn mai lwmpyn o lard oedd e, lard mochyn. Ta beth,
fe wnaethon ni fwyta'r blocyn – roedd popeth yn help i
gynnal rhywun.

Yn un o'r pentrefi 'ma hefyd fe ddaethon ni ar draws
hen dŷ gwair. Roedd llafur siwr o fod wedi ei gadw yn y
tŷ gwair ar un adeg ac wy'n meddwl fod pwy bynnag oedd
wedi bod yn ffermio yno fwy na thebyg wedi bod yn tyfu

math o india corn. Fe ffindodd Dick a'r Americanwr arall, Glenn Loveland, beth fyddech chi'n ei alw'n *corn on the cob* yn y sied wair, a dyma'n nhw'n dod â rhyw ddau neu dri o'r rheiny gyda nhw. Fe ddywedais i wrthyn nhw am beidio cyffwrdd â nhw achos fyddai llygod yn siwr o fod wedi bod wrthyn nhw. 'No, no. They're fine,' medden nhw. Fe wnaethon nhw gynnau tân a thwymo'r corn, a beth gethon ni, wrth gwrs, oedd popcorn – y popcorn cynta i fi ei flasu erioed. A fan 'na ro'n ni, tu fas i hen sied wair yng nghefn gwlad Iwgoslafia yn bwyta popcorn. Dim ond Americaniaid allai feddwl am y fath beth.

Yn nifer o'r pentrefi fuon ni ynddyn nhw, roedd yr Eglwys Uniongred yn flaenllaw iawn, a thu fewn i'r eglwysi byddai darluniau o wahanol eiconau crefyddol ar y muriau yn aml iawn. Roedd y gwaith yn hynod o grefftus gydag oriau lawer o lafur cariad wedi mynd i greu'r darluniau cain, mae'n amlwg. Wy'n cofio mynd i un man lle gwrddon ni ag offeiriad un o'r eglwysi, dyn barfog a gwisg laes ddu gydag e, reit hyd y llawr, ac roedd e'n trio cynnal sgwrs gyda ni, ac yn gwneud stumiau, yn amlwg yn galw arnon ni i'w ddilyn e. Fe ddilynon ni fe a chyrraedd eglwys fach. Mynd mewn wedyn a gweld fod y lle wedi ei reibio, a'r gelyn wedi rhwygo'r eglwys yn yfflon. Roedd rhywrai wedi tynnu lluniau ac wedi sgrifennu sloganau anweddus ar ddarluniau'r apostolion a'r disgyblion. Roedd allor yn lle sanctaidd, wrth gwrs, ac mae'n debyg fod y sawl oedd wedi difrodi'r eglwys fach 'ma wedi pisho a gwneud eu busnes wrth yr allor. Ych a fi! Roedd yr offeiriad yn ei ddagrau wrth sôn wrthon ni am hyn. Dyna beth oedd dyn wedi ei glwyfo. Roedd hi'n gwbwl gas gyda fi weld hyn, ac roedd hi'n enghraifft warthus arall o'r ddynoliaeth ar ei gwaetha.

Yn 1944 roedd ymgyrch y Partisaniaid yn mynd yn fwy dibynnol o hyd ar gael cyflenwad da o arfau ac offer. Er bod sawl awyren wedi gwneud *parachute drops* lle roedd arfau a nwyddau yn cael eu gollwng, roedd wastad peryg na fyddai rhai o'r cyflenwadau'n cael eu gollwng yn y man iawn, neu, wrth gwrs, y gallai'r gelyn gael eu dwylo arnyn nhw. Felly, roedd angen ffindo lle digon mawr i awyren lanio ac fe fuon ni'n helpu gyda hynny. Fe ddaethon ni o hyd i fan oedd yn ddigon mawr i awyren ddisgyn yn ddiogel mewn ardal o'r enw Morovič. Gan mai gyda'r nos y byddai'r awyren yn glanio fe fyddai'n rhaid i ni gynnau tân er mwyn dangos i'r peilot ble roedd e'n gallu dechrau dod lawr a ble fyddai'r glaniad yn bennu. Un noson roedd popeth yn ei le a'r tanau wedi eu cynnau, ond roedd hi'n fwy na thebyg bod y gelyn wedi gweld golau'r tân ac fuon nhw'n saethu aton ni am ryw awr y noson honno. Fe ddiffoddon ni'r tanau cyn gynted ag y gallen ni ac roedd rhaid anghofio'r glaniad y tro hwnnw.

Yn fuan wedyn gethon ni *parachute drop* arall, lle roedd offer yn cael eu gollwng. Ymhlith y stwff ddaeth lawr roedd lampau *gooseneck*. Lamp olew oedd y *gooseneck* a fflam yn dod allan o'i gwddwg hi. Fe ddefnyddion ni'r lampau wedyn yn hytrach na thrio cynnau tân mawr drwy losgi brigau ac ati. Roedd pob dim yn gweithio'n iawn. Fe laniodd yr awyren yn ddiogel ac fe gethon ni'r arfau a'r offer a phob dim mas heb lawer o drafferth. Wedyn daeth gorchymyn fod pump ar hugain o Bartisaniaid clwyfedig i fod i fynd 'nôl ar yr awyren i gael triniaeth mewn ysbyty. Ro'n nhw i fod yn barod i fynd mewn i'r awyren yn syth ar ôl iddi lanio. Wel, diawch, dim ond ugain o'r milwyr clwyfedig ddaeth i'r fan lle roedd yr awyren. Mae'n debyg fod y pump arall ar y ffordd yn rhywle, ond doedd y peilot ddim yn hapus gyda hyn. 'Look, I can't wait,' medde fe. 'It's too dangerous, I really can't wait. I have to go.'

Dyna ddiwedd arni felly. Yna, yn hollol annisgwyl, dyma un o'r Partisaniaid yn dweud wrth un o'r swyddogion Prydeinig oedd wrth law 'mod i'n diodde o malaria'n gyson, ac y dylen i gael lle ar yr awyren, a dyma'r swyddog yn troi at y pump ohonon ni oedd yn sefyll fan 'ny a chyfarth, 'You five! In you go!'

Wel, bois bach! Dyma fi'n camu ar yr awyren fel tasen i mewn breuddwyd, ac yn gwmni i fi roedd Norman McLean, o Ganada, a'r ddau Americanwr, Dick Bridges a Glenn Loveland, y pedwar ohonon ni wedi dianc o wersyll Zemun gyda'n gilydd. Y pumed yn ein plith oedd Sammy Hoare, milwr o Seland Newydd oedd gyda fi yn Hwngari. Yn rhyfedd iawn, roedd e wedi dod aton ni yn ddiweddar o rywle ar ôl iddo yntau ffoi at y Partisaniaid hefyd.

Ta beth, dyma'r pump ohonon ni yn cael ein tocyn i ryddid yn ddisymwth, ac yn hedfan mas o Iwgoslafia i Bari yn ne'r Eidal ar 20 Gorffennaf 1944. Siwrne annisgwyl, ond hynod felys. Pwy feddylie? Ond dyna ni, fel 'na roedd hi adeg rhyfel. Byddai pethau'n digwydd yn y modd mwya disymwth a diolch byth am hynny.

'Nôl a 'Mlaen

Pan gyrhaeddon ni Bari roedd 'na nifer o gwestiynau yn ein disgwyl ni. Fe gawson ni'n holi'n go galed am dipyn o amser, bob un ohonom yn unigol. Roedd angen gwneud yn gwbwl siwr ein bod ni'n dweud y gwir, ac mai ni oedd y bobol ro'n i'n honni roedden ni. Y peryg oedd, wrth gwrs, y gallen ni fod yn ysbïwyr, ac roedd rhywun yn deall pam fod cymaint o gwestiynu'n digwydd. Ta beth, fe lwyddodd y pump ohonon ni i argyhoeddi'r awdurdodau yn y pen draw.

Yn dilyn hynny fe gawson ni *military escort* o Bari, yn ne-ddwyrain yr Eidal, reit ar draws y wlad i Napoli, neu Naples fel ro'n i'n ei alw fe, yn y de-orllewin. Ac roedd hi'n daith o ryw 165 milltir.

Cyrraedd Naples wedyn, ac fe ddaeth yr awdurdodau Americanaidd i gasglu Dick Bridges a Glenn Loveland yn gynta, yna fe gyrhaeddodd swyddogion Canada i fynd â Norman McLean gyda nhw. Cynrhychiolwyr Seland Newydd ddaeth wedyn i gwrdd â Sammy Hoare. A wedyn, wel, roedd 'na un dyn bach ar ôl o hyd yn dal i aros.

Roedd y malaria wedi dod 'nôl i 'mhoeni i 'to, ac roedd rhaid i fi fynd i gael triniaeth yn yr Ysbyty Americanaidd yn Naples. Fues i fan 'na am dipyn cyn mynd i Salerno, ryw saith deg pum milltir i'r de o Naples. Fan 'na o'n i mewn cartre o ryw fath lle ro'n i'n cael ysbaid er mwyn cryfhau. Dim ond saith stôn a hanner o'n i'n pwyso ar y pryd ac o'n i'n wanllyd ofnadw. Roedd y rhyfel wedi gadael ei ôl.

Ym mis Medi 1944 fe gyrhaeddais i 'nôl ym Mhrydain a hynny wedi bron i bum mlynedd dramor. Dyna beth oedd teimlad rhyfedd. Wrth gamu ar y trên yn Lerpwl i fynd 'nôl i Gaerdydd, ro'n i'n dechrau poeni. Un o'r prif bethau oedd yn fy mecso i oedd shwt fydden i'n ymateb pan fyddai rhywun yn dechrau siarad Cymraeg â fi, achos do'n i ddim wedi cael cyfle i siarad yr iaith yn ystod y cyfnod 'na dramor o gwbwl. Ro'n i wedi dod ar draws pobol o Gymru oedd yn garcharorion rhyfel, ond do'n nhw ddim yn siarad Cymraeg. A lle ro'n ni wedi dod i ddysgu tipyn o Almaeneg ac wedi dod i arfer siarad yr iaith yn eitha rhugl, do'n i ddim wedi cael cyfle i ymarfer yr un gair o Gymraeg ac roedd hynny yn fy mhoeni i'n fawr.

Felly ar y trên ro'n i'n trial meddwl shwt fydden i'n cyfarch pobol yn Gymraeg, ac yn ceisio cofio'r geiriau a'r rheiny ddim yn dod i'r meddwl o gwbwl. O'n i'n becso. Ta beth, gyrhaeddais i mor bell â Chaerfyrddin heb glywed unrhyw Gymraeg. Camu ar y bws adre i Dryslwyn wedyn a'r *conductor* yn 'y ngweld i, ac yn dweud, 'Wel, bachan, wy' ddim wedi dy weld di ers sbel. Ble ti 'di bod?' A 'na braf oedd hi i glywed y cyfarchiad 'na yn Gymraeg. Ro'n i'n teimlo wedyn 'mod i wedi cyrraedd adre. Agores i 'ngheg ac fe atebes i'r dyn â llond pen o Gymraeg. Fe ddechreuodd yr iaith ddod 'nôl yn rhwyddach o dipyn i beth, a'r geiriau'n llifo i'r cof unwaith yn rhagor.

Wedi cyfnod adre ges i'n anfon i'r Royal Technical College yn Glasgow yn yr Alban. Fan 'na ro'n i'n cael hyfforddiant ar dechnegau radio ac ati. Tra o'n i yno fe glywais i 'mod i wedi cael fy enwebu ar gyfer y *Military Medal* fel cydnabyddiaeth o 'ngwasanaeth i'n ystod y rhyfel. Do'n i ddim yn ei disgwyl hi, achos i fi, dim ond gwneud beth o'n i'n teimlo roedd yn rhaid i fi o'n i. Ond, wrth gwrs, roedd hi'n fraint fawr ei chael hi.

Yn Rhagfyr 1944, ro'n i i fod i fynd lawr i Lundain i dderbyn y fedal oddi wrth y Brenin George VI. Ond ro'n i'n dal i ddiodde gyda'r malaria, felly roedd rhaid i Gyrnol ei chyflwyno hi i fi yn Glasgow, ac er na chwrddais i â'r Brenin fe wnes i gyfarfod â'i ferch e ddegawdau yn ddiweddarach wrth gael fy anrhydeddu â'r OBE.

Wedi i'r rhyfel ddod i ben roedd hi'n anodd iawn setlo 'nôl adre yn Dryslwyn. Roedd 'y nhad a mam o gwmpas ond roedd pob un o'n ffrindiau i wedi gadael yr ardal i chwilio am waith, ac ati. Felly, ro'n i'n teimlo 'mod i'n dod 'nôl i amgylchedd gwahanol iawn i'r un wnes i ei adael chwe blynedd cyn hynny, ac fe ddes i'n agos iawn at fynd 'nôl i'r fyddin, achos cyn i fi ddod mas, ro'n i wedi cael cynnig ymuno â'r fyddin broffesiynol, ac fe wrthodais i'r cynnig oherwydd 'mod i wedi cael llond bola ar fywyd milwrol erbyn hynny. Ond pan ddes i 'nôl a gweld pa mor anodd o'n i'n ei ffindo hi i setlo, fe fues i bron iawn ag ailymuno â'r lluoedd arfog.

Y newid byd oedd y cam mwya, wrth gwrs, a dod i arfer â 'mywyd newydd. Yn ogystal, achos 'mod i wedi treulio tair blynedd yn garcharor rhyfel, ynghyd â'r hyn ro'n i wedi ei weld a'i brofi fel milwr, roedd 'na bethau bach hollol ymarferol hefyd oedd yn ei gwneud hi'n anodd setlo 'nôl i fywyd bob dydd.

Yng nghefn gwlad Sir Gâr yn y cyfnod yna, ac yn enwedig yn ein hardal ni, roedd pob aelwyd yn groesawgar iawn ac yn garedig dros ben. Petasen i'n galw yn nhŷ rhywun, neu'n galw draw ar ffarm leol, fydden nhw ddim yn fodlon i chi adael heb roi plated mawr o fwyd i chi, cig, tato, llysiau, popeth – byddai mynydd o fwyd ar y plât. Wrth gwrs, ro'n i wedi mynd am flynyddoedd yn bwyta ychydig iawn, a doedd fy stumog i ddim yn arfer â bwyd. Felly am sbel fawr ar ôl dod mas o'r fyddin, dim ond mymryn bach o fwyd y bydden i'n gallu ei fwyta ar y tro ac roedd trial taclo plated anferth yn rhywbeth oedd ymhell y tu hwnt i fi. Fyddai pobol leol ddim yn deall pam 'mod i'n gadael yr holl fwyd maethlon ar ôl ar 'y mhlat.

I nifer oedd wedi gadael y lluoedd arfog ar ddiwedd y rhyfel, roedd cael gwaith hefyd yn broblem. Fe fues i'n ffodus iawn. Roedd hen ffrind ysgol i fi, Eirwyn Thomas, Ael-y-bryn, yn gweithio fel trydanwr, ac roedd e'n gwneud tipyn o waith yn ardal Llundain ac fe gynigodd waith i fi gydag e, chwarae teg. Fuon ni yn Llundain yn gweithio am chwe mis a mwy, siwr o fod. Ac fe gethon ni gynnig gwaith 'nôl yn lleol wedyn. Roedd hi'n adeg pan oedd trydan yn cyrraedd pob rhan o'r wlad ac fe gethon ni waith yn gosod gwifrau trydan yn y capel lleol. Yna fe gafon ni waith i'w wneud yn yr eglwys ac fe aeth hi ymlaen o'r fan honno a phethau'n mynd o nerth i nerth gyda'r fusnes. Fe sefydlodd Eirwyn a fi gwmni Towy Electrical yn 1947 ac fe bues i ynghlwm â'r cwmni am ddeugain mlynedd cyn ei werthu fe. Mae'r fusnes yn dal i fynd, er nad ydw i ddim byd i'w wneud ag e erbyn hyn, wrth gwrs.

Yn gymdeithasol, yn y cyfnod wedi'r rhyfel, roedd mudiad y Clybiau Ffermwyr Ifanc yn bwysig iawn yng nghefn gwlad. Fe fues i ynghlwm â'r gweithgareddau'n lleol a chael lot fawr o hwyl. Un o'r aelodau oedd merch ifanc o'r enw Beti. Trwy lwc, fe welodd hi rywbeth ynddo i, ac fe welais i dipyn mwy ynddi hi. Fe briodon ni yn 1954, ac mae Beti wedi bod yn gefn cadarn a chyson i fi ar hyd y blynyddoedd, ry'n ni wedi mwynhau bywyd hapus a dedwydd iawn gyda'n gilydd. Mae ganddon ni bedwar o blant, Michael, Graham, Andrew ac Ann. Meddyg teulu yw Michael ac mae e wedi treulio'i yrfa dros y ffin yn Swydd Henffordd. Mae Graham wedyn yn Athro mewn Fferylliaeth Glinigol ym Mhrifysgol King's yn Llundain. Tan iddo fe ymddeol yn ddiweddar roedd Andrew yn Gyfarwyddwr Gwasanaethau Masnachol Merlin Entertainments, y cwmni sy'n rhedeg atyniadau ar draws y byd, gan gynnwys llefydd fel Madame Tussauds a Legoland. Ann yw'r cyw melyn ola, ac mae hi wedi dewis aros yn ei chynefin ac yn byw gerllaw yn Dryslwyn ac yn gweithio gyda Chyngor Sir Caerfyrddin. Mae Beti a finne'n browd iawn ohonyn nhw i gyd. Mae ganddon ni saith o wyron hefyd, ac ry'n ni'n naturiol yn falch ofnadw ohonyn nhw a'r holl bethau maen nhw wedi eu cyflawni mor belled yn eu bywydau ifanc.

Wrth i'r plant dyfu, fe wnaeth ambell un yn yr ardal bwyso arna i i sefyll fel cynghorydd lleol. Mae'n rhaid i

fi gyfadde nad o'n i'n awyddus iawn i wneud hynny ar
y dechrau. Ond ta beth, fe wnes i roi'n enw 'mlaen ar yr
unfed awr ar ddeg a chael fy ethol yn gynghorydd sir yn
1970 ar Gyngor Sir Caerfyrddin. Daeth Cyngor Sir Dyfed
i rym wedyn yn 1974 ac fe fues i'n aelod yno tan 1996.
Bryd hynny wedyn fe gafodd llywodraeth leol ei had-
drefnu eto, ac fe ddychwelodd Cyngor Sir Caerfyrddin i
fodolaeth ac fe fûm i'n aelod o'r awdurdod hwnnw tan i fi
ymddeol fel cynghorydd yn 2003. Yn ystod y degawdau y
bues i'n ymwneud â llywdoraeth leol fues i'n ddigon ffodus
i fod yn Gadeirydd Cyngor Sir Dyfed yn 1981–82, ac i gael
y fraint o gael fy mhenodi'n Gadeirydd cynta Cyngor Sir
Caerfyrddin am ddwy flynedd wedi'r ad-drefnu yn 1996.

Ar ôl yr amheuon oedd gen i am sefyll ar y dechrau, fe
wnes i fwynhau 'nghyfnod fel cynghorydd yn fawr ac wy'n
credu fod y profiadau ro'n i wedi eu cael yn y rhyfel wedi
fy helpu i o ran cyflawni'r swyddogaeth fel cynghorydd. Fe
ddysgodd yr amser 'na i fi pa mor bwysig oedd hi i wrando
a meddwl cyn dweud neu weithredu. Wy'n teimlo bod
rheiny'n sgiliau pwysig i unrhyw gynghorydd eu harddel.
Wy'n credu hefyd fod yr hyn welais i yn ystod y rhyfel wedi
dysgu gwyleidd-dra i fi, gobeithio, ac yn gwneud rhywun
yn fwy parod i wrando ac ystyried barn a sefyllfaoedd
pobol eraill. 'Sneb yn gwbod y cwbwl, ac mae'n bwysig
iawn i bawb gofio hynny, pwy bynnag ydyn nhw. Mae'n
rhaid cymryd sylw o bawb a gwrando ar bawb, hyd yn
oed ar y llais gwanna mewn cymdeithas. Ac wy'n credu
fod trio gwneud y gorau dros bob unigolyn a cheisio trin
pobol yn yr un ffordd, beth bynnag yw eu cefndir nhw, yn

bethau ddaeth yn bwysig iawn i fi yn ystod cyfnod y rhyfel. Pan ddes i'n gynghorydd wedyn roedd y gwerthoedd 'na wastad yn flaenllaw yn 'y meddwl i, a gobeithio 'mod i wedi llwyddo i weithredu'r rheiny.

Mae'n fwy na thebyg i'r rhyfel atgyfnerthu 'y nghred i mewn democratiaeth. Wedi'r cyfan, ymladd yn erbyn syniadau unben oedd holl sail y rhyfel yn y lle cynta, a chryfder cynghorau sir oedd y ffaith fod materion lleol yn cael eu trafod a'u penderfynu yn ddemocrataidd. Dyna pam wy' ddim yn hoff o'r system gabinet sy'n bodoli mewn cynghorau sir nawr, lle mae rhyw ddeg i ddwsin o bobol gyda chi, i bob pwrpas, yn penderfynu beth ddylai gael ei wneud ym mhhob awdurdod lleol. I fi, mae hynny'n golygu fod y cynghorydd lleol cyffredin yn colli llais, ac yn 'y marn i, cyflwyno'r system gabinet 'ma yw'r peth gwaetha sy wedi digwydd i ddemocratiaeth leol.

Fe wnaeth y rhyfel ddysgu i fi hefyd pa mor bwysig yw hi i gydweithio â phobol eraill – fel arfer, pobol o gefndiroedd, a hyd yn oed o genhedloedd, cwbl wahanol. Mewn undod mae nerth yw'r hen ddywediad, ac mae lot fawr o wirionedd yn hynny. Yn y cyfnod cythryblus hwnnw roedd angen ymddiried mewn pobol yn llwyr, yn enwedig rheiny oedd yn rhannu'r un meddylfryd a dyheadau. Y prif ddyhead, wrth gwrs, oedd yr ysfa am ryddid. Ac mae hynny'n un peth sy'n greiddiol i 'nysgeidiaeth i am fywyd: heb ryddid, does ganddon ni ddim.

Ar ôl y rhyfel, roedd hi'n gyfnod go wahanol i'r hyn sy gyda ni heddi pan mae datblygiadau mewn technoleg a chyfrifiaduron ac ati wedi ei wneud e'n fyd bach, mewn ffordd. Bryd hynny, doedd pobol mewn gwahanol rannau o'r byd ddim yn cyfathrebu â'i gilydd nac yn cadw mewn cysylltiad â'i gilydd mor rhwydd ag y maen nhw heddi. Ar hyd y blynyddoedd fe golles i nabod ar y bobol hynny ro'n i wedi rhoi'r ffydd penna ynddyn nhw wrth ffoi o grafangau'r gelyn, ond ddegawdau wedi'r rhyfel, a hynny ar hap ambell waith, fe ddes i wbod beth ddigwyddodd i'r rhan fwya o'r bechgyn fuodd yn rhan o'r ymdrechion i ddianc gyda fi.

Cau'r Cylch

Ar ynys Creta, yng Ngwlad Groeg, y ces i 'nghipio fel carcharor rhyfel gynta, wrth gwrs. Bob blwyddyn ar ddiwedd mis Mai cynhelir aduniad i gyn-filwyr oedd yn rhan o'r frwydr ar yr ynys yn 1941. Ar hyd y blynyddoedd wy' wedi mynychu sawl un o'r aduniadau yma, ac maen nhw'n achlysuron pwysig i goffáu'r rheiny a gollwyd yn yr ymladd. Maen nhw'n rhan bwysig o 'mywyd i ar ôl i fi fyw drwy'r fath brofiadau eithafol.

Wy'n cofio mynd i aduniad ar ddiwedd yr wythdegau. Mae angen i bob cyn-filwr gofrestru wrth ymyl y fynwent lle mae'r milwyr a laddwyd wedi eu claddu. Fe ges i 'ngalw, a dyma fi'n dod 'mlaen i gofrestru. Wrth 'mod i'n gwneud hynny, dyma fi'n clywed rhywun yn gweiddi'r enw 'Gurnos Jones'. Wel, wrth gwrs, mae hwnnw'n enw eitha anghyffredin, a dyma fi'n cymryd sylw yn syth pan glywes i'r enw, achos ro'n i'n nabod dyn oedd â'r enw hwnnw. Pan droies i rownd, fan 'na roedd e y tu ôl i fi, Gurnos Jones o Felin-gwm, Sir Gaerfyrddin, o'r un ardal â fi. Roedd e wedi bod gyda'r Commandos yng Nghreta ac roedd e wedi ei gipio 'run peth â fi, ond roedd Gurnos wedi llwyddo i ddianc a mynd 'mlaen i dreulio'r rhan fwya o'r rhyfel yn yr Aifft, os cofia i'n iawn. Do'n i ddim wedi dod ar ei draws e o gwbwl pan oedd y ddau ohonon ni yng Nghreta yn 1941, a dyna braf oedd hi i weld e yn yr aduniad ddegawdau wedyn. Ar y diwrnod hwnnw, roedd y ddau ohonon ni yn cael ein cyflwyno â medal arbennig fel cydnabyddiaeth o'n gwasanaeth mas yng Nghreta. Roedd hi'n hyfryd derbyn y fedal yng nghwmni rhywun o'r ardal leol, er nad o'n i'n gwbod dim cyn hynny y byddai Gurnos yno.

Yng Nghreta wedyn ro'n i ymhlith rhyw hanner dwsin o gyn-filwyr oedd wedi eu gwahodd i ginio arbennig yng nghwmni Prif Weinidog Gwlad Groeg ar y pryd, ac roedd Dug Caint yno hefyd yn cynrychioli'r teulu brenhinol. Ta beth, tra o'n i yno, dyma fi'n dechrau siarad gyda chyn-filwr o Seland Newydd a dyma fi'n digwydd dweud wrtho 'mod i wedi treulio llawer o amser yng nghwmni un milwr o Seland Newydd, ac wedi dianc gydag e o Awstria i Hwngari. Fe ofynnodd e beth oedd enw'r bachan. 'Roy Natusch,' medde fi. Wel! Fe edrychodd y dyn arna i yn syfrdan. 'You won't believe this,' medde fe. 'Roy Natusch is my neighbour!' Bois bach, do'n i ddim yn gallu coelio'r peth. Dros ddeugain mlynedd ers i fi weld Roy ddiwetha, drwy hap llwyr ro'n i wedi cwrdd â'i gymydog e, a hynny ar ynys Creta! Fe wnaeth y dyn roi cyfeiriad Roy i fi, ac fe gysylltais i ag e, ac fe wahoddodd e fi draw i ymweld. Yn 1990, felly, fe aeth Beti a fi mas i Seland Newydd i gwrdd â Roy a'i deulu a threulio amser arbennig iawn gyda nhw.

Cafodd Roy a fi ein gwahanu yn Hwngari, ond fe lwyddodd e i ddianc i Iwgoslafia yn y pen draw hefyd drwy esgus bod yn swyddog o'r Iseldiroedd. Roedd e'n dipyn o gymeriad, a dweud y lleia, ac yn berson hynod o ddewr. Roedd Roy wedi trio dod o hyd i fi flynyddoedd cyn i ni gwrdd yn Seland Newydd. Ddaeth e draw i Brydain, a daeth mor bell ag Abertawe hyd yn oed am ei fod e'n meddwl mai yn yr ardal honno ro'n i'n byw. Fe wnaeth ymholiadau amdana i. Fe holodd rywun yn Abertawe, 'I'm trying to get hold of Dai Davies. Do you know him?' Ac yn ôl y sôn, yr ateb siort gafodd e oedd, 'There's bloody thousands of them around here, butty!'

Gyda hynny, penderfynodd Roy fod y dasg o ddod o hyd i fi y tu hwnt iddo fe hyd yn oed, ac fe aeth e adre i Seland Newydd. Wedi iddo fe briodi fe fuodd e a'i deulu'n ffarmio am ddegawdau. Bu farw Roy yn 2009 yn 90 oed, ond ro'n i'n hynod o falch 'mod i wedi gallu adfer y cysylltiad, ac wedi bod mas i aros gydag e. Ry'n ni'n dal mewn cyswllt gyda'i deulu, ac mae dau o'i wyron e wedi bod yn aros gyda ni. Oedd, roedd Roy yn ddyn arbennig iawn.

Wy' wedi trio dod o hyd i wybodaeth am Joe Walker, y bachan ddihangodd gyda Roy a finne o Awstria, ond, yn anffodus, heb ddim lwc. Yn Hwngari welais i fe ddiwetha yn 1944. Beth ddigwyddodd iddo fe wedyn, wy' ddim yn gwbod.

A beth am y pedwar wnaeth ddianc gyda fi o Iwgoslafia? Wel, wy' yn gwbod rhywfaint am hanes rheiny wedi i fab un o'r Americaniaid gysylltu â fi. Mae Tyler Bridges, mab Dick Bridges, yn newyddiadurwr ac awdur eitha adnabyddus yn yr Unol Daleithiau, ac mae wedi treulio tipyn o amser yn gohebu ar gyfandir De America. Wrth iddo fe ymchwilio i hanes ei dad yn yr Ail Ryfel Byd, fe lwyddodd e i ddod o hyd i fi, ac ro'n i'n falch iawn i glywed wrtho fe, wrth gwrs.

Fe fuodd ei dad, Dick, farw yn 2003. Mae pob un o'r lleill hefyd wedi mynd. Bu farw Glenn Loveland, yr Americanwr arall, yn 2009. Roedd y ddau ohonyn nhw yn eu hwythdegau. Bu'r ddau arall oedd gyda ni ar ein taith tuag at ryddid farw yn gymharol ifanc. Mae'n debyg mai 63 oed oedd Norman McLean, y Commando o Ganada, pan wnaeth e'n gadael ni yn 1979, a Sammy Hoare o Seland Newydd yn 61 oed pan fuodd e farw yn 1980. Fe gwrddais i â Sammy yn Llundain ar ôl y rhyfel achos fe briododd e â Saesnes a dod i Loegr i fyw am gyfnod. Ond mynd 'nôl i Seland Newydd wnaeth e wedyn a fan 'na fuodd e farw.

Yn gynharach, fe soniais i am fachan o'r enw Joe Burke yn cwympo a thorri ei goes wrth drio dianc o ffenest ryw dri deg troedfedd o'r llawr yng ngharchar Siklós yn Hwngari. Do'n i ddim wedi clywed dim am hanes Joe ers hynny. Ond yn 2013 fe wnaeth BBC Cymru raglen ar fy helyntion i yn ystod y rhyfel ar gyfer S4C – rhaglen o'r enw *Heb Ryddid, Heb Ddim* oedd hi. Yn dilyn y rhaglen honno, fe gysylltodd rhywun o gymdeithas y Brotherhood of Veterans of the Greek Campaign â fi, oedd yn gwbod hanes Joe. Roedd Joe yn dal yn fyw, ac fe ges i ei gyfeiriad e. Ers hynny, rwy wedi bod yn llythyru ag e. Mae e'n byw yng ngogledd Lloegr ac yn 95 oed erbyn hyn. Felly, mae'n debyg na wnaeth y gwymp 'na o'r ffenest uchel yn Hwngari dros saith deg mlynedd 'nôl ddim gormod o ddrwg iddo fe!

Wrth wneud y rhaglen deledu, fe ddilynais y daith wnes i adeg yr Ail Ryfel Byd gyda fy nhri mab ac fe ethon ni 'nôl i rai o'r mannau lle bues i'n garcharor yn Awstria. Doedd y plant ddim yn gwbod llawer o'n hanes i yn ystod y rhyfel, doedd e ddim yn rhywbeth ro'n i wedi siarad lot amdano fe. Fel ro'n i'n dweud o'r blaen, mae'n anodd disgrifio rhai o'r profiadau i rywun sy heb fod yn dyst iddyn nhw. Ond, ta beth, roedd y bois am fynd gyda fi i Awstria ac o'n i'n falch i fynd a nhw gyda fi. Do'n i ddim wedi trefnu llawer 'mlaen llaw ond ro'n i'n awyddus i fynd i fannau fel Murau, Sankt Lambrecht a Gaas.

Pan gyrhaeddon ni Murau, ro'n i'n gwbod yn iawn, oherwydd eu hoedran nhw, fod Franz Moshammer a Ferdinand Zeiper, y ddau ddyn lleol fuodd mor garedig gyda ni yn Awstria, wedi marw. Ond ro'n i'n meddwl nad oedd dim byd i'w golli o holi o gwmpas i weld a oedd perthnasau iddyn nhw yn dal i fyw yn yr ardal. Fe holon ni mewn sawl man, a chael dim lwc. Yn nes ymlaen fe gawson ni gyfarwyddwyd i fynd i holi perchennog un o westai'r dre, yn y gobaith y byddai e'n gwbod rhywbeth. Wel, bois bach! Dyna deimlad gwych oedd e pan ddywedodd y dyn yn y gwesty ei fod e'n nabod aelodau o'r ddau deulu ac fe wnaeth e alwadau ffôn yn y man a'r lle a threfnu fod mab Franz Moshammer a merch Ferdinand Zeiper yn dod draw. Dyna wefr arbennig oedd hi i gwrdd â'r bobol 'ma, a thadau'r ddau wedi bod mor dda wrthon ni tra o'n ni'n gweithio gyda nhw fel carcharorion rhyfel. Fe gawson ni brofiad tebyg draw yn Gaas wedyn, y pentre lle wnes i ddianc dros y ffin i Hwngari. Fan hyn gwrddon ni â theulu Agnes Kraller, yr hen wreigan oedd yn berchen y ffarm lle ro'n i'n gweithio. Byth ers hynny, mae fy meibion i wedi bod mewn cysylltiad ag aelodau o deulu'r hen wreigan gwrddon nhw bryd hynny. Mae'n deimlad da bod y dolenni teuluol yma wedi cael eu hailsefydlu, a gobeithio y bydd rheiny'n parhau ymhell i'r dyfodol. Beth bynnag mae rhywun yn ei feddwl am y Nazïaid a'u creulondeb, fe wnes i a sawl un arall tebyg i fi ffindo pobol gyffredin Awstria yn garedig iawn. Er gwaetha'r rhyfel roedd y bobol yn fonheddig tu hwnt yn eu hagwedd nhw tuag aton ni fel carcharorion, ac mae hynna'n rhywbeth nad anghofia i fyth. Roedden nhw'n ein trin ni fel pobol er gwaetha'r sefyllfa annynol, wallgo oedd yn datblygu o'n cwmpas ni.

Pwyso a Mesur

Pan ymunais i â'r fyddin yn 1939, ro'n i'n meddwl mai am gyfnod o chwe mis fyddai e, chwe mis o hyfforddiant yn unig. Ond, wrth gwrs, fe drodd y chwe mis yn chwe blynedd ac yn ystod y chwe blynedd yna fe welais i bethau difrifol, pethau nad oes modd eu hanghofio. Er mor galed mae rhywun yn trio rhoi pethau fel 'na mas o'r meddwl, allwch chi ddim anghofio popeth.

Heb os, gwersyll Zemun, *concentration camp* y Nazïaid yn Belgrad, Iwgoslafia, oedd waetha. Fues i'n dyst i bethau fan yna na alla i eu disgrifio nhw, dynion yn cyflawni gweithredoedd hollol annynol. Yr unig ffordd ro'n i'n gallu delio â'r hyn ro'n i wedi ei weld yno oedd drwy ganolbwyntio ar ddianc o'r lle ofnadw yna. A dyna oedd ar 'y meddwl i beunydd beunos. Dianc. Dianc am 'y mywyd, a mynd, a chadw i fynd. Doedd dim byd arall y gallen i wneud.

Wrth gwrs, flynyddoedd yn ddiweddarach mae'r pethau erchyll yma'n dod 'nôl i feddwl dyn bob hyn a hyn. Does dim dianc rhagddyn nhw. Ar adegau pan mae rhywun wrtho'i hunan, yn rhyw fath o synfyfyrio, falle, mewn tawelwch, yn y distawrwydd mae dyn yn clywed pethau. Lleisiau o'r gorffennol. A phan wy'n meddwl am ddigwyddiadau Zemun, yr ochen sy waetha o hyd. Ochen y rheiny oedd mewn poen. Falle nad yw e mor glir nawr ag yr oedd e flynyddoedd yn ôl, ond mae e'n dal i fod yno. Wrth gwrs, wy' wedi bod yn ffodus, fe ges i ddod mas yn fyw o le fel Zemun. Doedd miloedd o bobol eraill ddim mor lwcus â fi. Mae rhywun yn gorfod gwneud ei orau i roi'r hyn mae e wedi ei weld o'r neilltu a chario 'mlaen â'i fywyd.

Ambell waith rwy'n gofyn i fi fy hunan a yw dynoliaeth wedi dysgu gwersi'r rhyfel. Ydy pobol yn ymddwyn yn well tuag at eu cyd-ddyn nawr, mewn gwirionedd? Pan mae rhywun yn meddwl am rai o'r pethau gwarthus sy'n dal i ddigwydd y dyddiau hyn, gyda rhai o'r mudiadau 'ma sy'n gysylltiedig â therfysgaeth ac ati, wy' ddim yn siwr a yw pethau wedi gwella rhyw lawer. Yr hyn sy'n fy mhoeni i yn fwy na dim yw y gallai sefyllfa ddatblygu lle byddai rhywun yn gweld rhyfel eto ar raddfa fyd-eang. Rwy'n ofni y bydd y lladd a'r clwyfo barbaraidd sy'n dal i fynd 'mlaen yn arwain at ryw fath o adwaith global yn ei erbyn e yn y pen draw. Mae beth all ddigwydd oherwydd hyn i gyd yn 'y meddwl i yn aml ac yn 'y mrawychu i. Buan iawn mae pethau yn gallu datblygu i eithafion ac mae angen bod yn ofalus ac yn wyliadwrus.

Wy'n gredwr cryf mewn 'jaw, jaw' nid 'war, war' fel o'n nhw'n arfer ei ddweud adeg y rhyfel. Mae rhywbeth yn hwnna. Mae siarad a thrafod yn allweddol, ac mae'n bwysig gwneud hynny bob cam o'r ffordd er mwyn trio datrys pethau. Ond i fi, mae'n rhaid sefyll dros deulu, anwyliaid ac eiddo. Wy' ddim yn athronydd o unrhyw fath, ond, falle, pan mae'n mynd i'r fan lle nad yw siarad wedi gweithio, yna mae'n *rhaid* sefyll yn gadarn yn yr adwy wedyn.

Mae'r profiadau ges i yn y rhyfel yn amlwg wedi gadael argraff fawr arna i. Ac wy'n credu fod y cyfnod yna, a 'magwraeth i wrth gwrs, wedi dylanwadu ar 'y mywyd i, a'n ffordd i o fyw dros y blynyddoedd yn enwedig. Yn 2014 ges i'r fraint o gael fy ngwneud yn Gymrawd Anrhydeddus gan Brifysgol Cymru Y Drindod Dewi Sant. Wrth dderbyn yr anrhydedd roedd rhaid i fi ddweud ychydig eiriau. Mae'r hyn ddywedais i wrth y gynulleidfa yno, nifer fawr ohonyn nhw'n raddedigion ifanc ar fin dechrau ar eu gyrfaoedd, yn crynhoi fy ffordd i o feddwl am fywyd.

I fi, mae tri pheth mewn bywyd yn bwysicach na dim. Y cynta yw parch. Parchwch eich hunain, eich teuluoedd, eich cyfoedion a'ch cyd-weithwyr. Yn ail, teyrngarwch. Byddwch yn deryngar i chi'ch hunan, eich teuluoedd, eich cyfoedion a'ch cyd-weithwyr. Ac yn ola, gostyngeiddrwydd. Os y gwnewch chi bopeth yn eich bywyd gyda gostyngeiddrwydd bydd pobol yn eich parchu chi am hynny ac am y ffordd ry'ch chi'n trin eich cyd-ddyn.

'Sdim amheuaeth fod gweld rhai o'r pethau rwy' wedi eu gweld wedi ysgwyd y ffydd oedd gyda fi yn fy nghyd-ddyn. Wy' ddim yn honni 'mod i'n ddyn crefyddol iawn, ond wy'n gobeithio 'mod i'n dilyn llwybr eitha Cristnogol yn y ffordd wy'n byw fy mywyd, ac fel Cristnogion, wrth gwrs, ry'n ni i fod i faddau i bobol. Ond wy'n ei chael hi'n anodd iawn maddau i'r rheiny sy wedi bod yn gyfrifol am weithredoedd ofnadw sy tu hwnt i bob disgrifiad. Mae'n anodd i unrhyw un ddeall beth yw creulondeb. Mae'r *gair* 'creulondeb' yn cyfleu rhywbeth, wrth gwrs, ond pan y'ch chi yno, yn y fan a'r lle, ac yn *gweld* creulondeb yn cael ei weithredu, mae hynny yn rhywbeth hollol wahanol.

Wrth gwrs, rwy' wedi gweld daioni hefyd a phobol yn gwneud pethau caredig iawn. Wy' wedi gweld pobol anghyffredin o ddewr yn gwneud pethau fyddai'r tu hwnt i ofynion unrhyw un, ac alla i ond gobeithio, wrth bwyso a mesur, fod mwy o ddaioni yn perthyn i'r ddynoliaeth nag o ddrygioni.

Yn y pen draw, a oes modd cyfiawnhau holl aberth y rhyfel? Miliynau o bobol yn cael eu lladd a'u clwyfo? Mae e'n gwestiwn mawr, on'd yw e? Ond pan mae rhywun yn ystyried beth ddigwyddodd i'r Iddewon yn enwedig, a'r creulondeb ddioddefon nhw, mae'n *rhaid* bod gwerth i'r frwydr 'na i roi diwedd ar Hitler a'i ymerodraeth ffiaidd.

I fi, y peth pwysica oll yw ein bod ni'n cofio, yn cofio am y rheiny gollodd eu bywydau, o bob cenedl ar draws y byd; a chofio hefyd am yr aberth. Wy'n credu fod ishe i bawb ystyried hynny, yn bobol o bob oed, ac yn enwedig yr ieuenctid, achos oni bai am yr aberth, beth fyddai eu sefyllfa nhw heddi? Beth bynnag yw eich barn chi am ryfel, mae'n bwysig cofio am y rheiny na ddaethon nhw'n ôl, a 'ngobaith mwya i yw na welwn ni ddim byd tebyg eto, byth.